BEIHEFTE ZUM TÜBINGER ATLAS
DES VORDEREN ORIENTS

herausgegeben im Auftrag des Sonderforschungsbereichs 19
von Wolfgang Röllig

Reihe B
(Geisteswissenschaften)
Nr. 11

Arnulf Kuschke - Siegfried Mittmann - Uwe Müller

Archäologischer Survey in der nördlichen Biqāᶜ, Herbst 1972

Ingrid Azoury

Report on a Prehistoric Survey in the Northern Biqāᶜ

WIESBADEN 1976
DR. LUDWIG REICHERT VERLAG

Archäologischer Survey in der nördlichen Biqā^{c}, Herbst 1972

von

Arnulf Kuschke - Siegfried Mittmann - Uwe Müller

Report on a Prehistoric Survey in the Northern Biqā^{c}

by

Ingrid Azoury

WIESBADEN 1976
DR. LUDWIG REICHERT VERLAG

CIP-Kurztitelaufnahme der Deutschen Bibliothek

Kuschke , Arnulf
Archäologischer Survey in der nördlichen Biqā^{c}, Herbst 1972 [neunzehnhundertzweiundsiebzig] / Arnulf Kuschke ; Siegfried Mittmann ; Uwe Müller. Report on a prehistoric survey in the northern Biqā^{c} / von Ingrid Azoury. 1. Aufl. — Wiesbaden : Reichert, 1976.
(Tübinger Atlas des Vorderen Orients : Beih. : Reihe B, Geisteswiss. ; Nr. 11)
ISBN 3-920153-67-7

NE: Mittmann , Siegfried :; Müller , Uwe :; Azoury , Ingrid : Report on a prehistoric survey in the northern Biqā^{c}

Diese Arbeit ist im Sonderforschungsbereich 19 Tübingen entstanden und wurde auf seine Veranlassung unter Verwendung der ihm von der Deutschen Forschungsgemeinschaft zur Verfügung gestellten Mittel gedruckt.
Gesamtherstellung: Hessische Druckerei GmbH, Darmstadt
Printed in Germany

INHALT

EINLEITUNG

Von Arnulf Kuschke

Der Sonderforschungsbereich 19 "Tübinger Atlas des Vorderen Orients" führt seit Jahren in jedem Semester eine öffentliche Arbeitsgemeinschaft "Historische Geographie des Alten Orients" durch, an der in erster Linie diejenigen Mitglieder aktiv beteiligt sind, die den Fächern Ägyptologie, Altorientalistik und Biblische Archäologie angehören. Unter den behandelten Themen standen - als Vorarbeit zu der Karte B III 3 "Palästina und Syrien zur Zeit der ägyptisch-hethitischen Vorherrschaft" - im Vordergrund die Palästina- und Syrienlisten der Pharaonen des Neuen Reiches sowie die ägyptischen und hethitischen Berichte über die Schlacht, die sich Ramses II. und der Hethiterkönig Muwatalli im Jahre 1285 v.Chr. bei Qadeš am Orontes geliefert haben, und deren Ausgang sich bekanntlich noch jahrhundertelang in der kulturellen Entwicklung von Palästina und Südwestsyrien einerseits und Nordsyrien andererseits ausgewirkt hat. Dieses letztere Thema beschäftigte die Arbeitsgemeinschaft in Referaten und Diskussionen über mehrere Semester. Dabei bestätigte sich wieder die von uns seit langem gewonnene und vertretene Ansicht, daß man trotz aller Mühe und allen Scharfsinns, die seit mehr als einem halben Jahrhundert in die Interpretation der relativ reichen literarischen Quellen investiert worden sind, von der Lösung der durch die Dokumente gestellten historisch-topographischen Fragen noch viel weiter entfernt ist, als man es sich beim Studium der nicht gerade spärlichen Sekundärliteratur - auch der neuesten Publikationen - vorstellen mag, und daß man ohne persönlichen Kontakt mit dem Schauplatz des Geschehens und vor allem ohne archäologische Feldforschungen nicht weiterkommt. Der Arbeitsausschuß des SFB 19 beschloß deshalb, das Fach Biblische Archäologie mit der

Durchführung eines archäologischen Survey in dieser Landschaft zu beauftragen.

Die Planung entsprach der historisch-geographischen Aufgabenstellung. Die Explorationen sollten sich erstrecken

1. auf die unmittelbare Umgebung des *Tall Nabī Mind* als dem Schauplatz der ägyptisch-hethitischen Auseinandersetzung, also einen Geländestreifen, der sich vom See von *Ḥimṣ* im Norden bis zur libanesischen Grenze im Süden in einer Breite von ungefähr 6 km auf dem Westufer und 2 km auf dem Ostufer des Orontes hinzieht,
2. auf die möglichen Anmarschwege der ägyptischen Divisionen
   a) von Westen her, also auf den nordwestlichen Rand des Beckens von *Ḥimṣ* einschließlich der Übergänge zur *Buqēʿa* und zur Eleutheros-Ebene und
   b) von Süden her, d.h. auf den nördlichsten Abschnitt des großen binnenländischen Verkehrsweges von Ägypten über Megiddo und Hazor, durch das *Wādī at-Tēm* und die *Biqāʿ*[1], also auf den Nordausgang dieser Hochebene, genauer, den Talkopf des Orontes *(Nahr al-ʿĀṣī)*, von *Baʿalbak* bis zum Becken von *Ḥimṣ*.

Auch dieser letztgenannte Landstrich war, abgesehen von seiner steinzeitlichen Hinterlassenschaft[2], noch relativ unerforscht[3].

---

[1] Kuschke, ZDPV 70; 1954, 106 Anm.4; M.Noth, ZDPV 71, 1955, 34-36; 72, 1956, 61-71; Kuschke, ZDPV 74, 1958, 87-89.95.107f; R.Hachmann, SBA 4, 1970, 71-86.

[2] Vgl.vor allem Copeland/Wescombe, Inventory II, sowie die dort auf S. 166f aufgeführte ältere Literatur von H.Fleisch, D.Kirkbride und M. Tallon. Copeland und Wescombe haben auch chalkolithische und frühbronzezeitliche Fundstellen registriert. Siehe ferner Kirkbride, Early Byblos, 45-60.

[3] Vgl. die kurzen Mitteilungen von Jirku in ZDPV 53, 1930, 159-162 und ZDMG 86, 1933, 174-183 sowie die von Kuschke in ZDPV 70, 1954, 127f und 71, 1955, 104-110.

VORBEREITUNG, ORGANISATION UND VERLAUF DER REISE

Von Arnulf Kuschke

Im März 1972 unternahm ich eine Erkundungsreise zur Wiederaufnahme der persönlichen Kontakte im Libanon und in Syrien. Der Emir Maurice Chehab, Generaldirektor der Altertümer- und Museenverwaltung des Libanon, erwies sich auch diesmal als freundlicher Helfer und in Tyros als liebenswürdiger Gastgeber und Führer durch seine eindrucksvollen Ausgrabungen. Mehrere, in gewissen Abständen abgestattete Besuche bei der Syrischen Altertümer- und Museenverwaltung, vor allem bei Herrn Adnan Bounni, dem Leiter der Ausgrabungsabteilung, verliefen ebenfalls erfreulich, obwohl die diplomatischen Beziehungen damals unterbrochen waren. Die durch gemeinsame Arbeit in den Ausgrabungen von *Rās Šamra* (Ugarit) um die Mitte der fünfziger Jahre angebahnten persönlichen Bindungen waren noch intakt, so daß ich auch hier mit der Erteilung einer Survey-Lizenz rechnen konnte. Im Zuge dieser Vorbereitungsreise wurde auch das in den vorangegangenen 18 Jahren öfters[4] durchstreifte Gebiet von Qadeš am Orontes wieder aufgesucht, vor allem sein südlicher Teil. Nach vorheriger Anmeldung bei den Behörden in *Ḥimṣ* empfing mich der Gendarm von *Tall Nabī Mind*, begleitete mich und las auf Siedlungsstätten sogar Scherben auf, um sich bei mir über deren Alter zu informieren, was meiner archäologischen Neugierde zugute kam.

Nach diesen erfolgversprechenden Erkundungen konnte unsere Gruppe im Spätsommer desselben Jahres zur Durchführung des Projektes aufbrechen. Teilnehmer waren der mit der Leitung beauftragte Verfasser dieser Zeilen, Herr Privatdozent Dr. Siegfried Mittmann, aus dessen Feder die Beschrei-

---

[4] Vgl. ZDPV 71, 1955, 104-110; 73, 1957, 49f; 74, 1958, 27.97f; 76, 1960, 34; 77, 1961, 20.23; 78, 1962, 138.

bung der untersuchten Siedlungsstätten stammt, und Herr Uwe Müller, der die Dokumentation der Keramik und die Zeichnung der Karten und Skizzen übernommen hat. Als Expertin für die steinzeitlichen Perioden war unserem Team Frau Ingrid Azoury Ph.D. von der Abteilung Urgeschichte des SFB 19 beigegeben.

An- und Rückreise der drei Erstgenannten erfolgte auf dem Seewege mit der Adriatica-Linie. Sie trafen am 1.9.1972 in Beirut ein. Am gleichen Tage kamen zwei Mitglieder der Abteilung Geographie mit dem Landrover des SFB 19 aus dem Iran zurück. Die Übertragung des Carnet de passage und Reparaturen am Fahrzeug sowie die Erledigung zahlreicher Formalitäten bei den Behörden in Beirut und Damaskus nahmen eine ganze Woche in Anspruch. Wie immer bot uns das Institut der Deutschen Morgenländischen Gesellschaft bei diesem und bei späteren Aufenthalten in Beirut angenehme und in jeder Hinsicht günstige Unterkunft. Es kann nicht genug betont werden, wie unentbehrlich dieses Haus nicht nur Arabisten und Islamkundlern, sondern auch Wissenschaftlern anderer Fachgebiete aus Deutschland und befreundeten Ländern ist, zumal das Institut Français d'Archéologie wohl die beste archäologische und landeskundliche Bibliothek im Libanon hat, aber in seiner Wohnraumkapazität beschränkt ist. Dem damaligen Direktor Professor Dr. Stefan Wild und seinen Mitarbeitern gilt unser herzlicher Dank.

Es war ursprünglich vorgesehen, unsere Explorationen, wie oben[5] bereits angedeutet, in Syrien zu beginnen und dann im obersten Teil des Orontestals von *Baʿalbak* aus fortzusetzen. Die Beziehungen zwischen Bonn und Damaskus waren aber just in diesen Tagen so gespannt, daß alle Bemühungen der syrischen Antiquitätenverwaltung von den übergeordneten Regierungsstellen die Lizenz für unsere Arbeit zu erwirken, kaum Aussicht auf Erfolg hatten. Deshalb entschlossen wir uns, unseren Arbeitsplan umzukehren und im Libanon zu beginnen, nachdem wir dank des freundlichen Entgegenkommens des Emir Maurice Chehab und seiner Mitarbeiter am 5.9. alle für einen archäologischen Survey in der nördlichen *Biqāʿ* erforderlichen Papiere, Lizenz und Empfehlungsschreiben an die dortigen Verwaltungs- und Polizeibehörden erhalten hatten.

Am 7.9. richteten wir unsere Basis in einem kleinen Nebengebäude auf einer Gartenterrasse des Palmyra-Hotels in *Baʿalbak* ein. In diesem traditionsreichen Hause hatten schon Robert Koldewey und Walter Andrae von September 1898 bis Januar 1899 gewohnt, als sie – im Zuge ihrer ersten

[5] Siehe oben S.1f.

Reise nach Babylon - auf kaiserliche Anordnung die Tempelruinen von Heliopolis untersuchten und ein Gutachten über eine umfassende Ausgrabung derselben erstatteten. Und auch Otto Puchstein und Daniel Krencker waren mit ihren Mitarbeitern zunächst hier abgestiegen, als sie im August 1900 die deutschen Ausgrabungen im römischen Tempelbezirk eröffneten. Auf der baumbestandenen, schattigen Terrasse gab es reichlich Wasser zum Reinigen der fast täglich eingebrachten großen Mengen von Keramikscherben, dazu Betonflächen, auf denen die Scherben in vorgezeichneten Quadraten zum Trocknen ausgelegt werden konnten. Auch die hygienisch einwandfreie Küche war für die Gesundheit und Arbeitsfähigkeit der Gruppe und damit für den Erfolg des Unternehmens eine wichtige Voraussetzung. Wir hielten uns vom 7. - 30.9. und am 9.10.1972, also volle 24 Tage in *Baʿalbak* auf; davon waren 18 den Explorationen im Gelände gewidmet. Zwei Tage verloren wir durch eine unvermeidliche Kontrolluntersuchung des Landrovers in Beirut und Beschaffung von zusätzlichen Karten im Maßstab 1 : 20 000, ein anderes Mal durch eine Unterredung mit unserem Botschafter in Beirut wegen unseres Lizenzproblems in Damaskus und gleichzeitiger Einlagerung der ersten anderthalb Zentner gewaschener, signierter und eingesackter Scherben im Institut der DMG. Der letzte Sonntag (30.9.) war unser erster Ruhetag seit unserer Ankunft im Lande am 1.9.1972. Wir nutzten ihn zu einem eindrucksvollen und lehrreichen Ausflug über den *Ḍahr al-Qaḍīb*, bekannter unter der Bezeichnung Col des Cèdres (2600 m ü.d.M.), zur *Qadīša*-Quelle und nach *Bšarri*. Die übrigen drei Tage dienten ganz der Dokumentationsarbeit, soweit sie an den Spätnachmittagen und Abenden der Explorationstage nicht bewältigt werden konnte. An diesen fuhren wir - je nach Länge des Anfahrtsweges - um 6 oder 7 Uhr ab und kehrten zwischen 15 und 18 Uhr zurück. Der für die ganze *Biqāʿ*-Hochebene zuständige und in *Rās Baʿalbak* beheimatete Inspektor der Altertümerverwaltung Chakir Ghadban, der seinen Amtssitz in *Baʿalbak* hat, begleitete uns mehrfach auf unseren Fahrten. Wir verdanken ihm mancherlei Hinweise, vor allem die Nachricht, daß er auf dem westlichen Orontesufer zwischen der syrischen Grenze östlich *al-Quṣēr (216:281)* und *Ǧisr al-ʿĀṣī*, 2,5 km östlich *Hirmil*, sechs Gruppen römischer Meilensteine, insgesamt 25, gefunden habe, die er in seiner Dissertation, die er der Universität Lyon vorlegen wolle, publizieren werde. Wir werden später darauf zurückkommen. Bei der Exploration einer Ruinenstätte oder eines Siedlungshügels beteiligten sich zunächst sämtliche Teilnehmer an der Scherbenlese, die so intensiv und so extensiv wie nur möglich durchgeführt wurde. An Ort und Stelle ausgeschieden wurden nur Wandungsfragmente, die keinerlei Anhaltspunkte für ihre typologische und

chronologische Einordnung lieferten. Sämtliche Artefakten aus Feuerstein wurden an Frau Azoury abgeliefert, die jeweils nur die umgebende Landschaft, vor allem Uferterrassen und quellnahe Hänge abkämmte.
Abgesehen von der gemeinsamen Scherbenlese waren am jeweiligen Ort der Untersuchung die Aufgaben so verteilt, daß S.Mittmann die Abmessung und Skizzierung der antiken Siedlung und deren Beschreibung sowie die ihrer unmittelbaren Umgebung und die Erkundung der Orts-, Quell- und Flurnamen übernahm, U.Müller und ich die fotografischen Aufnahmen. Gleichzeitig bemühte ich mich, einen Überblick über die siedlungs- und verkehrsgeographische Lage des Ortes innerhalb des weiten Orontestalkopfes zu gewinnen, der den Übergang bildet zwischen der *Biqāʿ* im eigentlichen Sinne und der westsyrischen Tafel andererseits. Die Länge der aufgewandten Arbeitszeit richtete sich nach der Größe und Bedeutung des Objekts. In der Ortslagenbeschreibung wurde sie zusammen mit der Zahl der an der jeweiligen Untersuchung beteiligten Personen angegeben. Wenn der Leser diese Angabe in Beziehung setzt zu der Anzahl der aus den einzelnen Siedlungsperioden des *tall* stammenden, aufgelesenen Scherben, kann er sich ein annäherndes Bild machen vom Aussagewert der hier publizierten Erhebungen. Es muß noch erwähnt werden, daß in die jeweils angegebene Stundenzahl alle Arbeitsgänge der Teilnehmer an Ort und Stelle einbezogen sind, nicht nur die Scherbenlese.
In der Basis waren die Aufgaben ebenfalls fest verteilt. Ich führte das Tagebuch und die Korrespondenz und hatte in gewissen Abständen Verhandlungen zu führen wegen der Lizenz im Gebiet von *Tall Nabī Mind*. S.Mittmann brachte seine Beschreibungen, Skizzen und Namenserhebungen auf den für diesen Zweck in Tübingen entworfenen und hergestellten Ortslagenformularen ins Reine. U.Müller hatte die gewaschenen und getrockneten Scherben mit der Arbeitsnummer (AN) der Ortslagen zu beschriften, von denen sie stammten, die Filme zu entwickeln und alle organisatorischen und technischen Aufgaben zu erledigen. I.Azoury war mit der Bearbeitung des Flintmaterials ausgelastet. Dennoch hatte sie kurz nach unserer Rückkehr in die Basis stets einen starken, erfrischenden Tee bereit. Von solcher Arbeitsteilung abgesehen, waren die drei männlichen Teilnehmer nach der kurzen Pause damit beschäftigt, die neu eingebrachten Scherben zu wässern, zu reinigen und zum Trocknen auszulegen. Die am Vortag eingegangenen Scherben wurden diskutiert und nach Perioden geordnet, soweit dies jetzt schon möglich war. Dies war nur der Fall bei wohlbekannter Importware oder bei unverkennbaren Arten, die in bestimmten Perioden über die ganze Levante verbreitet gewesen sind. Die gewöhnliche Haushaltware hat in einer so re-

lativ geschlossenen Landschaft wie der *Biqāʿ* bis zu einem gewissen Grade ihre Eigentümlichkeiten, weshalb sie mit Material aus gesicherten Schichten einer benachbarten Grabung zu vergleichen ist. Doch ist das während einer Survey-Kampagne kaum möglich. Aus diesem Grunde und weil täglich ungeahnte Mengen von Scherben eingingen, hatten wir ein von U.Müller hergestelltes Gerät, mit dessen Hilfe das Scherbenzeichnen erheblich beschleunigt werden kann, umsonst aus Tübingen mitgeschleppt. Es wurde bereits mitgeteilt, daß die Ortslagenbeschreibungen und die Scherben mit der Arbeitsnummer (AN) beschriftet und nach ihr geordnet wurden. Unser Grundsatz war zwar, mit unseren Explorationen im Norden, also an der syrischen Grenze, zu beginnen und sie dann in südlicher Richtung fortzusetzen, wobei die Anfahrtswege nach und nach kürzer geworden wären. Das ließ sich aber aus mancherlei technischen Gründen nicht konsequent durchführen. Die definitive Numerierung, die geographisch von Süden nach Norden angeordnet ist, erfolgte erst bei der Ausarbeitung des Berichts zur Publikation. Doch werden die Arbeitsnummern in den Ortslagenbeschreibungen zusätzlich angegeben, weil die Nesselsäckchen, in die die Scherben verpackt wurden, nur die jeweilige Arbeitsnummer tragen. Und nur über diese kann der Leser, der unsere Datierungen überprüfen möchte, im Nationalmuseum in Beirut die von den einzelnen Ortslagen stammenden Scherben finden.

Nachdem wir unsere Arbeiten auf dem libanesischen Teil des vorgesehenen Explorationsgebietes abgeschlossen hatten, berieten wir über unser weiteres Vorgehen. Wirklich abgeschlossen war unsere Arbeit in diesem Bereich insoweit noch nicht, als wir - abgesehen von der Verwerfungsfalte von *al-Yammūna* und der Umgebung von *Dēr al-Aḥmar* - die Täler am Osthang des Libanon nicht in unsere Untersuchungen einbezogen hatten. Da wir durch unsere Aufgabenstellung innerhalb des SFB 19 gehalten waren, unsere Explorationen auf die altorientalischen Ortslagen zu konzentrieren, und da unsere Nachforschungen auf der Ostseite des Talkopfes in dieser Hinsicht zu einem negativen Ergebnis geführt hatten, verzichteten wir darauf, die Talfalten auf der Westseite zu durchsuchen, zumal eine negative Entscheidung über unseren Lizenzantrag in Damaskus noch nicht gefallen und ein Survey im Gebiet von *Tall Nabī Mind* als unsere vordringlichste Aufgabe angesehen wurde. So beschlossen wir, gemeinsam nach Damaskus zu fahren und bei allen maßgeblichen Regierungsstellen nochmals vorstellig zu werden. Wir deponierten die letzten zweieinhalb Zentner Scherben in unserer Basis und brachen am 1.10. von *Baʿalbak* auf, zunächst in Richtung *Ḥimṣ*. Nachdem der Grenzübergang auf diesem Wege nicht gelungen war, versuchten wir es auf der Hauptstraße über *Masnaʿ* und *al-Ǧudēda* und erreichten die syrische

Hauptstadt endlich in der Nacht vom 2. zum 3.10.1972. Dr.Hellner, Mitglied unserer dortigen diplomatischen Vertretung, der über Monate hin zu unseren Gunsten tätig gewesen war, bereitete uns schonend darauf vor, daß unsere Aussichten, noch eine Bewilligung für den Survey bei *Tall Nabī Mind* zu erlangen, sehr gering seien, und sagte uns zu, daß er uns telefonisch auf dem Laufenden halten werde. Schon am folgenden Tage erhielten wir in *Ḥimṣ* von ihm die definitive Mitteilung, daß mit der Erteilung der Lizenz im Laufe der nächsten Monate nicht mehr zu rechnen sei.

Wir blieben noch vier Tage in *Ḥimṣ*, um von dort aus wenigstens einige Informationsfahrten zu unternehmen. Sie hatten folgende Ziele:

1. das Studium von stratifizierter Keramik dieser Landschaft aus der Mittelbronze- und der ihr vorausgehenden Übergangszeit, also Ware, die der Schicht J von *Ḥama* entspricht. Wir besuchten am 5.10. das kleine Museum in dem im 18. Jahrhundert n.Chr. errichteten *Qaṣr ʿAẓam* in *Ḥama*, das sich als eine überaus reizvolle Anlage mit sehr interessanten und geschickt ausgestellten Zeugnissen der Vergangenheit dieser syrischen Provinz darbietet, fanden aber nichts von dem, was für unsere spezielle Arbeit wichtig war. Der für diese Gegend zuständige Inspektor der Altertümerverwaltung, Herr Saqsuq, der uns in seinen Magazinen das uns interessierende Vergleichsmaterial hätte zeigen können, war nicht anwesend; wir trafen ihn eine gute Stunde später am Südfuß von *Qalʿat al-Muḍīq*, wo er in Zusammenarbeit mit der belgischen Grabungsmission von Apamea eine Sondage durchführt. Dort und oben im Expeditionshaus konnten wir dann die Ware eingehend studieren, um die es uns hier ging.
2. Wichtig zum Verständnis der im Bereich von *Tall Nabī Mind* gelegenen *Safīnat Nūḥ (225:292)* war uns eine Besichtigung der zwar nicht dem Format, aber der Struktur nach vergleichbaren Anlage von *al-Mišrifa*, dem alten Qaṭna, 20 km nördlich von *Ḥimṣ*[6], die wir am 7.10. durchführten.
3. schien uns ein wenigstens vorläufiger Überblick über den Schauplatz der Schlacht von Qadeš dringend erwünscht, zumal zwei Mitglieder der Gruppe noch nie in dieser Landschaft gewesen waren. Die zuständige Behörde in *Ḥimṣ* hatte keine Einwendungen gegen unseren Wunsch, dorthin zu fahren, und avisierte unsere Besuche, die am 4. und 6.10. erfolgten, dem Posten auf *Tall Nabī Mind*. Wir verweilten lange auf der hohen und

---

6 Zu den Fragen der Struktur, Funktion und Entstehungszeit dieser Anlagen vgl. Parr, The Origin of the Rampart Fortifications, und die dort zitierte ältere Literatur.

steilen Nordwestkante des gewaltigen Siedlungshügels von Qadeš[7] und diskutierten ausführlich die topographischen Probleme dieser berühmten und kulturgeschichtlich folgenreichen Auseinandersetzung zwischen Ramses II. und dem Hethiterkönig Muwatalli.

Da der 3 km weiter westlich und parallel zum Orontes verlaufende *Nahr es-Sīḥ* eine wichtige Rolle gespielt hat in der Argumentation Albrecht Alts gegen die Annahme eines südlichen Anmarschweges der ägyptischen Heeresgruppen[8], und da S.Mittmann wegen der Lokalisierung eines in Texten des Neuen Reiches genannten Ortes eine Siedlung am Ostrand der die Alluvialböden des Hömser Beckens im Westen begrenzenden Basaltdecke sehen wollte, fuhren wir anschließend in nordwestliche Richtung, überquerten das im Vergleich zum Orontes - jedenfalls in dieser Jahreszeit - geradezu kümmerliche Rinnsal über das *Ǧisr Qēdūn* genannte Brückchen und hielten kurz vor *Nāʿim (220:293)*[9]. Von dort wandten wir uns nach Süden, bis wir über *al-ʿAqrabīya* ins Einzugsgebiet des *Nahr es-Sīḥ* gelangten und auf den dieses Gebiet weithin beherrschenden *Tall Maʿyān (2192:2847)* stießen. Wir gingen ganz langsam einmal über diesen markanten Siedlungshügel, um wenigstens einen flüchtigen Eindruck von seinen Ausmaßen und seinem Alter zu gewinnen. Aus Gründen, auf die wir unten noch eingehen werden, setzten wir unsere Fahrt in südlicher Richtung fort, um die Orontesfurt zu sehen, die sich nach Aussagen einheimischer Bauern südlich dieses Hügels befinden soll. Doch kamen wir in dem unübersichtlichen Gelände und auf überfluteten Wegen im Landrover nur schrittweise mühsam vorwärts und mußten wegen einbrechender Dunkelheit unverrichteter Dinge die Rückfahrt nach *Ḥimṣ* über *al-Quṣēr (228/9:284)* antreten. Am anderen Tage wurden vor allem die uns interessierenden Stätten auf dem Ostufer des Flusses besichtigt:

---

7 Daß sich der alte Name bis in die arabische Überlieferung erhalten hat, beweist einmal die seit langem bekannte Tatsache, daß die Reste einer am *Nahr ʿAin Tannūr*, ca. 200 m südsüdwestlich von *Tall Nabī Mind* gelegenen Mühle den Namen *Ṭaḥūnat al-Qadas* trug (Karte von Syrien 1:200 000 von 1949, Blatt Homs), und zweitens die Bemerkung des aus *Ḥama* stammenden Historikers Ibn Wāṣil (1208-1298 n.Chr.), "dieser Fluß [Orontes] geht aus von einem Deich, der nahe dem See von Qadas gelegen ist" (zitiert nach Quatremère, Histoire des Sultans mamlouks, I 2, p.264).

8 ZDPV 55, 1932, 22f; 66, 1943, 18 Anm.1.

9 In "Syrie. Répertoire alphabétique", 134 findet man zwar die Schreibung *Nāʾim*. Doch dürfte die oben gebotene Form die altüberlieferte sein, vgl. M.A.F.Mehren, Cosmographie de Chems-ed-Din Abou Abdallah Mohammed ed-Dimichqui. Texte arabe, 1866, 209 paenultima.

1. die 3 km nordnordöstlich von *Tall Nabī Mind* gelegene *Safīnat Nūḥ (225/6:292)*, auf der Karte 1 : 50 000 *Tall as-Safīn* genannt. Von ihrer hohen Südkante überschaut man das ganze Gebiet um *Tall Nabī Mind* bis hinauf nach *Ḥarbʿāra (213:296)*, zu dem Sattel, über den der Weg aus der Senke von Qadeš hinüberführt durch das *Wādī al-Ḫālid* in die *Buqēʿa*[10] und von dort in die Mündungsebene des Eleutheros *(Nahr al-Kabīr al Ǧanūbī)*;
2. *az-Zarrāʿa (228:279)*, den flachen, aber ziemlich ausgedehnten und von der heutigen Fahrstraße *Ḥimṣ - Baʿalbak* eingeschnittenen Siedlungshügel des alten Ribla, und seinen 2 km westlich davon gelegenen modernen Nachfolger Rabla;
3. die ausgedehnten Ruinenfelder von *Ǧusīya (228:272/3)*, die im wesentlichen der römisch-byzantinischen Zeit entstammen dürften.

Am 8.10. kehrten wir über Damaskus nach *Baʿalbak* zurück, um am folgenden Tage noch zwei Ortslagen am Ostrand des Libanongebirges gegenüber *Baʿalbak* zu explorieren, das bei *Dēr al-Aḥmar* beobachtete Ruinenfeld *al-Ḫarāʾib (1888:2408)* und den in eine lange Falte der ersten Gebirgsstufe eingebetteten Ort *al-Yammūna (178:243)*.

Nachdem wir in der Frühe des 10.10. unsere Geräte und Materialien sowie unser ganzes Gepäck in den Landrover verstaut und von unseren Betreuern im Palmyra-Hotel, Herrn Alouf und seinen Mitarbeitern, Abschied genommen hatten, durchquerten wir den fruchtbareren Mittel- und Südteil der *Biqāʿ*-Hochebene, um die Grabung von *Kāmid al-Lōz* (Kumidi) zu besichtigen. Ausserdem wollten wir vom Grabungsleiter die Genehmigung einholen, unser Fundmaterial mit stratifizierten Scherbenkollektionen aus einigen besonders geeigneten Arealen dieser Grabung in den Magazinen des Nationalmuseums in Beirut zu vergleichen. R.Hachmann entsprach dieser Bitte und riet uns, die Areale ID15, IḞ13 und IJ13 zu wählen. Bisher wurden dort eindeutige und durchlaufende Bau- und Siedlungsschichten nur aus den Perioden von Mittelbronze IIA bis Eisen I, also etwa vom 19.-11. Jahrhundert v.Chr., erreicht und freigelegt[11]. Wenn man auch stets damit rechnen muß, daß die Wohnschichten von Füllschichten unterbrochen sind, die logischerweise ältere Siedlungsreste enthalten, so war das für die Datie-

---

[10] Vgl. die Beobachtungen in ZDPV 71, 1955, 106-108.

[11] Zwar sind chalkolithische und frühbronzezeitliche Scherben, komplette Gefäße und andere Kleinfunde der Achämenidenzeit sowie große Mengen von römischen und jüngeren Scherben gefunden worden. Doch stammen die perserzeitlichen Objekte aus Gräbern, die Scherben aus Müllablagerungen und Depots von Siedlungen, die weiter südlich gelegen haben müssen als die bisher eröffneten Grabungsareale.

rung eines beträchtlichen Teiles der von uns aufgelesenen und registrierten Scherben angebotene Vergleichsmaterial doch ein nicht zu unterschätzendes Hilfsmittel, zumal die darin repräsentierten Perioden für unsere Zwecke von besonderem Interesse waren. Da wir unseren Survey auf den libanesischen Teil des vorgesehenen Explorationsgebietes hatten beschränken müssen und bis zur geplanten Rückreise noch vier Wochen zur Verfügung standen, hätten wir dieses Vergleichen und Einordnen unserer Funde sogleich an unsere Feldarbeit anschließen können.
Doch war es uns wichtiger erschienen, jetzt sofort die Heimreise anzutreten, um die ersparten Gelder auf das folgende Jahr übertragen zu lassen, in der Hoffnung, dann, also 1973, unseren Survey in der Umgebung von *Tall Nabī Mind* fortsetzen und abschließen zu können. Deshalb hatten wir schon von *Ḥimṣ* aus unsere Schiffspassagen bei der "Adriatica" vom 13.11. auf den 15.10. telegrafisch umgebucht.
Wir hatten außerdem beschlossen, sämtliche Scherben von *Tall al-ʿUyūn*, unserer größten Ortslage, wo vom Neolithikum ab fast sämtliche Perioden vertreten sind, zu eingehendem Studium für ein Jahr nach Tübingen mitzunehmen. Die Formalitäten für ihre Freigabe und Ausfuhr, die Übergabe der Funde von den übrigen 31 Ortslagen mit der dazu erforderlichen Liste sowie die Herstellung eines vorläufigen Berichts für die Altertümerverwaltung, die Besorgung aller für die Heimfahrt erforderlichen Papiere und Stempel und die Erledigung weiterer Formalitäten füllten die letzten Tage aus. Doch reichte es noch zu einem kurzen Ausflug auf den Paß von *Ǧazzīn*. Auf einer Kuppe in beherrschender Lage über dem Talkopf des *Wādī ʿAzzība* im Norden und über der mächtigen Mulde des *Wādī ʿAin Ḥaǧal* im Osten finden sich ausgedehnte antike Fundamentreste, die von einheimischen Bauern und Hirten *Ṣīrat aḏ-Ḏiʾāb* genannt werden. Ihre exakte Einordnung und Funktion sind noch ungeklärt[12].
Am Spätnachmittag des 14.10. gingen wir samt Fahrzeug an Bord der "Esperia", die nachts auslief und am Morgen des 19.10. Genua erreichte. Mit der Rückkehr nach Tübingen war die Reise am 20.10.1972 beendet.
Soweit unsere anderweitigen Verpflichtungen an der Universität Tübingen es zuließen, studierten wir während des Winters 1972/73 das Fundmaterial von *Tall al-ʿUyūn* in ständigem Vergleich mit publizierten Parallelfunden aus Nordpalästina, Libanon und Westsyrien.

---

[12] Vgl. die Erwägungen über den Verlauf eines alten Verkehrsweges von der phönikischen Hafenstadt Sidon über den Paß von *Ǧazzīn* in ihr östliches Hinterland und nach Damaskus, ZDPV 77, 1961, 36f.

Vom 4.-8.12.1972 hielt sich U.Müller im "Institut für Vor- und Frühgeschichte und Vorderasiatische Archäologie der Universität des Saarlandes" in Saarbrücken auf und fertigte eine Konkordanz zwischen den Schichten der Areale ID15, IF13 und IJ13 von *Kāmid al-Lōz* und den Karteinummern der aus ihnen stammenden Scherbenkollektionen an. Mit ihrer Hilfe konnten wir später im Magazin des Beiruter Museums das angebotene Vergleichsmaterial auffinden, und zwar über die Karteinummer, mit der die jeweilige Fundgruppe beschriftet ist. Er kopierte außerdem die im Maßstab 1 : 1 gehaltenen Zeichnungen der Tongefäßscherben. Nach seiner Rückkehr wurden die aus den Xeroxblättern herausgeschnittenen Einzelzeichnungen in Tusche ausgezogen und - nach Arealen, Schichten und Typen geordnet - auf große Kartons geklebt. Diese Übersichtstafeln erleichterten und beschleunigten den Vergleich zwischen unserem Fundmaterial und den Scherbenkollektionen aus *Kāmid al-Lōz* später in Beirut.

U.Müller und ich flogen am 18.2.1973 unter Mitnahme der vier Monate zuvor zur Bearbeitung nach Tübingen mitgeführten Scherben von *Tall al-ʿUyūn* nach Beirut, wo wir wieder im Institut der Deutschen Morgenländischen Gesellschaft freundlich aufgenommen wurden, diesmal für vier Wochen. Die Arbeit in den Magazinen des Nationalmuseums war trotz allen Entgegenkommens von Herrn Roger Saidah werktäglich nur von 7-14 Uhr möglich. Man stellte uns den für diese Zwecke reservierten Raum zur Verfügung, in dem wir unsere Materialien auf einem riesigen Tisch ausbreiten und unsere Übersichtstafeln an Regalen aufhängen konnten. Bei der chronologischen Einordnung unseres Materials aus den in Siedlungsschichten von *Kāmid al-Lōz* bisher nicht vertretenen vorbronzezeitlichen Perioden war uns die Mitwirkung meines Freundes Henri de Contenson eine unschätzbare Hilfe. Er erörterte einen ganzen Vormittag mit uns unsere ältesten Scherbenkollektionen. Bei der Identifizierung der mittel- und späteisenzeitlichen Typen der *Biqāʿ* waren uns förderlich die von Leila Badre typologisch geordneten Scherbenkollektionen aus der letzten Kampagne von *Tall al-Ġasīl (181:219)* im Museum der American University Beirut, wo wir häufig nachmittags arbeiteten und uns dabei auch der recht informativen Dissertation von Martha S.Joukowsky[13] bedienten.

Nachdem wir die chronologische Einordnung unseres gesamten Scherbenmate-

[13] M.S.Joukowsky, The Pottery of Tell al-Ghassil in the Beqaʿa: A Comparative Study and Analysis of the Iron Age and Bronze Age Wares, Beirut 1972, 342pp, 44 pls.

rials (ca. 200 kg) zum größten Teil[14] bewältigt hatten, waren noch zwei Arbeitsgänge zu erledigen, die mehr Zeit in Anspruch nahmen, als wir angenommen hatten: 1. die statistische Erfassung des gesamten, nun nach Perioden geordneten Materials zur Erstellung einer tabellarischen Darstellung der Ergebnisse und 2. die Auswahl repräsentativer Kollektionen, die zur Vorbereitung der Publikation nach Tübingen mitgenommen werden sollten, sowie ihre Verpackung und Plombierung durch die Museumsverwaltung. Schließlich mußte die dort bleibende Hauptmasse der Scherben so verpackt und im Magazin gestaut werden, daß interessierte Archäologen anhand einer bei der Museumsverwaltung deponierten Liste die von uns auf einer bestimmten Siedlungsstätte aufgelesenen Scherben ohne Mühe finden können. Auch die nun noch in Tübingen befindlichen Stücke wurden nach Abschluß des Manuskriptes nach Beirut zurückgeschickt und mit dem Gros vereinigt. Nachdem alle Formalitäten im Museum und bei der Zollstelle des Flughafens erledigt waren, erfolgte am 17.3.1973 der Rückflug nach Stuttgart und die Heimkehr nach Tübingen.
Starke Inanspruchnahme durch Lehr-, Prüfungs- und Verwaltungspflichten in der Universität und durch mancherlei andere Aufgaben innerhalb des SFB 19, S.Mittmanns Teilnahme an der Kampagne 1974 der Grabungen von *Kāmid al-Lōz* und gelegentliche Krankheitsausfälle waren die Ursache dafür, daß dieser Bericht erst drei Jahre nach Abschluß der letzten in Beirut ausgeführten Vorarbeiten erscheint.

---

[14] Der Anteil derjenigen Scherben, die wir nicht zeitlich einordnen konnten, betrug ca. 10 %. Es soll auch nicht bestritten werden, daß gewisse Unsicherheiten in der Unterscheidung zwischen den einzelnen mittel- und spätbronzezeitlichen Phasen nicht auszuschließen waren. Und schließlich müssen wir einräumen, daß uns die lokale Gebrauchsware der Achämenidenzeit noch ziemlich unbekannt ist. Wir können nicht sagen, ob wir Stücke dieser Periode aufgenommen haben, ohne sie zu erkennen, oder ob diese Periode in dem aufgelesenen Scherbenmaterial überhaupt nicht vertreten war. Deshalb haben wir auch in unserer Statistik auf eine Spalte "P" (Persisch) verzichtet.

DIE SIEDLUNGSSTAETTEN DER NOERDLICHEN BIQĀʿ

VON SIEGFRIED MITTMANN

1. *NAḤLA (199:233)*[1]

Etwa 6 km nordöstlich von *Baʿalbak* liegt auf einer dem Fuße des Antilibanos vorgelagerten Randstufe der *Biqāʿ* das mittelgroße Dorf *Naḥla*[2]. Es senkt sich vom Südrand des gleichnamigen Schluchttals auf eine breite Spornterrasse herab, deren Hänge in steilen Stufen mehr als 30 m tief zu dem von einem perennierenden Bach durchflossenen Talgrund absteigen. Die Ruine eines römischen Tempels nimmt das Zentrum des Spornes ein[3]; und an dieser Stelle etwa müßten auch die vorrömischen Siedlungen gelegen haben, sofern sie hier bestanden[4]. Die Scherbensuche auf den Hangterrassen und im Talgrund unterhalb des Dorfes erbrachte dafür keine Bestätigung, was freilich bei der starken Überlagerung mit dem Siedlungsschutt der spätantiken und arabischen Zeit und bei der intensiven Kultivierung aller freiliegenden Flächen nicht verwunderlich ist. Um so größer war die Ausbeute an römischer, byzantinischer und arabischer Keramik.

---

[1] 29.9.1972; 1 St. (3 Pers.); AN 29.

[2] Zur heutigen Namensform vgl. Wild, Libanesische Ortsnamen, 172; zum spätantiken Namen Νάκλη vgl. Honigmann, Historische Topographie (Schluß), 19 Nr. 316a; Dussaud, Topographie, 410.

[3] Vgl. Krencker - Zschietzschmann, Römische Tempel, 172; Taylor, Roman Temples, 52-54. Zu den Inschriften aus *Naḥla* und seiner Umgebung vgl. Rey-Coquais, IGLS VI, 173-175 Nr. 2890-2894; Mittmann, Chaphargam(ala), 1975, 69-76.

[4] Die Gleichsetzung mit dem ꜣ-[*p*-*q*] ägyptischer Ortslisten Ramses' II. und III. (Simons, Egyptian Topographical Lists, XXIII 30; XXVII 80) ist mehr als fraglich; vgl. dazu Kuschke, ZDPV 74, 1958, 108f.

2. *1987:2383*[5]

2,5 km westnordwestlich von *Yūnīn* überquert die von Westen auf die Ortschaft zuführende Asphaltstraße den flachen Sattel einer niedrigen Erhebung, die trotz ihrer geringen Höhe einen weiten Rundblick über die *Biqāᶜ* gewährt. Nördlich der Sattelmulde wölbt sich dieser Rücken zu einer sanften Kuppe, die sich mit einem teilweise felsigen Scheiteloval von ca. 100x40 m Maximalausdehnung nach Norden streckt und dann zur Ebene absinkt. Etwa 500 m westsüdwestlich dieser Höhe[6] entspringt jenseits der Straße in einer Mulde am Fuße des Rückens eine Quelle[7]. Frisch angelegte Ackerterrassen am Ostabfall der Kuppe, die aus der Distanz zur Untersuchung reizten, erwiesen sich zwar als archäologisch steril, führten aber zur Entdeckung einer kleinen chalkolithischen Siedlungs- oder Lagerstätte am flach aufgepflügten westlichen Sattelhang der Scheitelwölbung. Von der einstigen Bewohnung zeugt heute freilich nur noch ein reichlich dünner und nicht mehr scharf einzugrenzender Belag von Scherben und Flintartefakten.

3. *TALL MAQNA (1949:2374)*[8]

Zum Dörfchen *Maqna*[9], das die nach Norden führende Hauptroute der *Biqāᶜ* etwa 9 Straßenkilometer von *Baᶜalbak* erreicht und durchquert, gehört ein unscheinbarer Siedlungshügel, genannt *Tall Maqna*. Er hebt sich bis zu einer Höhe von allenfalls 3 m sanft aus dem ebenen, vielfach felsigen Gelände zwischen dem Ostrand des Dorfes und der aus südsüdöstlicher Richtung kommenden Fortsetzung des *Wādī Naḥla*, dem *Wādī Maqna*, das hier bis auf 200 m an das Dorf herantritt und sich von einem rund 200 m breiten, steilwandigen Trogtal zu einem schmalen Cañon verengt (Tf. 1A und 2A). Mit ihrem Ostfuß reicht die runde, im Durchmesser rund 80 m weite Siedlungskuppe bis an die Abbruchkante über dem Beginn der Talenge heran und gewährt damit talaufwärts einen weiten Einblick in das *wādī*. Der *tall* nimmt eine gewisse Ecklage ein, denn unter seinem Südhang ist in die Talwand eine Mulde eingesenkt (Tf. 1B), in der ein Fahrweg zur etwa 20 m

---

5 27. und 29.9.1972; 30 Min. (3 Pers.) und 1 St. (1 Pers.); AN 26.

6 Auf der Carte du Liban 1/20 000 Feuille N-10 Rasm el Hadeth ist sie mit dem Höhenwert 1130 markiert.

7 Nach dem zitierten Kartenwerk Feuille N-9 Deīr el Ahmar: *ᶜAin Sbaᶜal*.

8 26. und 27.9.1972; 1 St. (3 Pers.) und 45 Min. (2 Pers.); AN 25.

9 Zur Etymologie des Namens vgl. Wild, Libanesische Ortsnamen, 169.

tiefer gelegenen Sohle hinabführt, um das *wādī* ostwärts zu überqueren. Der Hügel dient dem Dorf als Friedhof; auf seiner Westseite überragt ein kleiner *walī* das Gräberfeld. Die mit dem Aushub der Grabgruben zutage geförderten Scherben bezeugen eine erstaunlich weitgespannte Siedlungsgeschichte (FB, MB II, SB, E, H, R, By, A)[10], wie sie die geringen Dimensionen des *tall* und die bisherigen Untersuchungen[11] kaum hätten erwarten lassen.

4. *AL-YAMMŪNA (178:243)*[12]

Nicht ganz 22 km (Luftlinie) nordwestlich von *Baᶜalbak* liegt in einem trogartig geformten und abgeschlossenen Tal des Libanon, fast 400 m über der *Biqāᶜ*, das Dorf *al-Yammūna* (Tf. 2B)[13]. Die kleine Senke ist der verbreiterte Teil des *Wādī an-Nusūr*, einer Verwerfungsrinne, die die untere Stufe des Libanonmassivs von der steil und bis zu 1000 m hoch darüber aufragenden Gebirgswand absetzt. Die Ortschaft säumt mit ihren locker und unregelmäßig verstreuten Häusern etwa 500 m weit den südlichen Westrand der Ebene. Im östlichen Umkreis umgibt die Siedlung ein Kranz von Baumgärten, während das nördlich angrenzende Gelände weithin mit Weinreben bepflanzt ist. Bewässert werden die Kulturen im wesentlichen durch eine Quelle (*Nabaᶜ al-Arbaᶜīn*), die unmittelbar südlich des Dorfes dem Fuß der Gebirgswand entspringt und einen kräftigen Bach entläßt. Ursprünglich speiste sie zusammen mit sechs schwächeren Quellen der näheren Umgebung einen bereits im Altertum bezeugten[14], in jüngster Zeit aber ausgetrockneten See (*Birkat al-Yammūna*). Er bedeckte offenbar den tiefergelegenen Südteil der Ebene, dessen Boden sich einer Kultivierung noch zu widersetzen scheint. 300m östlich der erwähnten Hauptquelle erhebt sich eine kleine Kuppe, die die Fundamente des römischen Tempels von *al-Yammūna* birgt[15]. Die Scherbenlese im Gartengelände östlich der Tempelruine erbrachte viel römische, byzantinische und früharabische Keramik, nichts

---

[10] S.u. S. 39-41.

[11] Vgl. Copeland - Wescombe, Inventory II, 74f; FB, R, A.

[12] 9.10.1972; 2 St. (3 Pers.); AN 32.

[13] Zum Namen vgl. Wild, Libanesische Ortsnamen, 174.

[14] Vgl. Honigmann, Historische Topographie (Schluß), 13 Nr. 276.

[15] Vgl. Krencker - Zschietzschmann, Römische Tempel, 38f; Taylor, Roman Temples, 49f. Zu den Inschriften von *al-Yammūna* und seiner Umgebung vgl. Rey-Coquais, IGLS VI, 188-191 Nr. 2916-2920.

aber, was zeitlich dahinter zurückgeht[16]. Doch angesichts der hier im Winter gewiß beträchtlichen Schwemmerosion reicht dieser negative Befund allein wohl noch nicht aus, um eine vorrömische Ansiedlung völlig in Frage zu stellen.

5. *AL-ḪARĀ'IB (1888:2408)*[17]

Al-Ḫarā'ib ist eine flache Kuppe, die sich etwa 1,5 km südöstlich von *Dēr al-Aḥmar* und 6,5 km westnordwestlich von *Maqna* (s. Nr. 3) aus der hier nach Westen ausbuchtenden *Biqā*ʿ-Ebene heraushebt. Sie ist auf der Nord- und Westseite, wo die noch wenig eingetiefte Mulde des *Wādī as-Safīna* sich entlangzieht, steiler und höher geböscht als auf den übrigen Seiten. Der Nordhang steigt bei einer Länge von nur etwa 20 m bis zu 4 m hoch an; danach sogleich senkt sich die Kuppe sanft nach Süden, und zwar rund 50 m weit bei einem Niveauabfall von nur 1 m. Ein schärferes Profil zeigt der Ost-West-Schnitt. Vom etwa 30 m breiten Scheitelplateau fällt der Osthang etwa 20 m weit und 1 m tief zur Ebene, der Gegenhang etwa 30 m weit und 4 m tief zum *wādī* ab. Wie der Name sagt, trägt dieser Hügel "Ruinen"; und nach Ausweis der dicht gestreuten Scherben war er in römischer, byzantinischer und arabischer Zeit besiedelt. Gebäudestrukturen zeichnen sich kaum mehr ab; und das Geröll ist über größere Flächen hin weggeräumt worden, um den Boden der landwirtschaftlichen Nutzung zuzuführen.

6. *TILLAT AS-SAFĪNA (1924:2419)*[18]

2,25 km östlich-ostnordöstlich von *al-Ḫarā'ib* (Nr. 5) passiert das immer noch flache, nun aber deutlich in die Ebene eingefurchte *Wādī as-Safīna* zwei Bodenwellen, die seinen Südrand überhöhen und wohl nach dieser Position *Tillat as-Safīna* heißen. Sie heben sich kaum mehr als 1 m hoch aus dem ebenen Gelände heraus; doch fällt der Osthang der östlichen, von der westlichen durch eine sanfte Senke abgesetzten Aufwölbung etwa 5 m tief zu einer Seitenmulde des Tales ab. Die Maximalausdehnung des Westhügels beträgt 80x60 m, die des Osthügels 70x50 m. Zisterneneinbrüche haben im Zentrum der westlichen Kuppe eine, auf der Nachbarkuppe mehrere große Ver-

---

[16] Aus ebendiesem Grunde hat A. Kuschke die ursprünglich einmal (ZDPV 74, 1958, 108) erwogene Gleichsetzung mit dem *y-n-m* der zitierten ramessidischen Ortslisten (Simons, Egyptian Topographical Lists, XXIII 28; XXVII 78) später nicht mehr in Betracht gezogen (ZDPV 77,1961, 34f.).

[17] 9.10.1972; 1 St. (3 Pers.); AN 31.

[18] 27.9.1972; 1 St. 45 Min. (3 Pers.); AN 27.

tiefungen hinterlassen. Von den Siedlungen, die auf dem Westhügel in römisch-byzantinischer Zeit bestanden, zeugen nur noch verwittertes Steingeröll und der reiche Scherbenbelag.

7. *1939:2419*[19]

1,5 km östlich von *al-Ḫarā'ib* (Nr. 5) erhebt sich auf einem breiten Ackersporn, der von Süden aus der Ebene an das *Wādī as-Safīna* herantritt, eine tumulusartige Erd- und Steinkuppe. Sie erreicht eine Höhe von schätzungsweise 2,5 m bei einem Durchmesser von etwa 15 m. Über Ursprung und Bedeutung läßt sich dem äußeren Erscheinungsbild des Hügels ebensowenig entnehmen wie dem überaus mageren, doch, wie es scheint, recht vielfältigen Keramikbefund (Ch, FB, MB II, E).

8. *TALL AL-ʿAIN (1968:2434)*[20]

3,25 km nordöstlich der Erhebung *1939:2419* (Nr. 7) liegt am äußersten Westrand der *Biqāʿ* der *Tall al-ʿAin*[21] (Tf. 3A). Seine Bezeichnung verdankt er einer starken Quelle, die in einer gemauerten Kammer am Nordfuß des Hügels[22] entspringt. Wie ihr Name, *ʿAin Šaʿat*, andeutet, ist sie Besitz und Wasserspenderin des Dorfes *Šaʿat*, das rund 600 m weiter nördlich einen Vorsprung des Gebirges krönt. Der *tall* erhebt sich auf einer langgestreckten Bodenwelle inmitten der Talenge des *Wādī aḍ-Ḍaiʿa*[23], einer Art von Korridor[24] zwischen dem Gebirgsfuß und einem südsüdöstlich vorgelagerten flachen Hügelzug, der den Blick zur 1,2 km entfernten Straße *Baʿalbak - Ḥimṣ* versperrt. Auf seiner südlichen Schmalseite steigt der *tall* von der als Rebengarten jetzt genutzten Bodenwelle nur etwa 7 m hoch in mäßig geneigtem Winkel auf. Die Hänge seiner Langseiten fallen dagegen steil und von Terrassen nur wenig unterbrochen etwa 20 m tief zum Ackergrund des

---

[19] 27. und 29.9.1972; 45 Min. (3 Pers.) und 30 Min. (2 Pers.); AN 28.

[20] 25.9.1972; 3 St. 45 Min. (4 Pers.); AN 23.

[21] Bei Copeland - Wescombe, Inventory II, 78: "Tell Neba'a Chaate (or Sha'ad)".

[22] Die Seiten der von Nordost nach Südwest gestreckten Kuppe werden der Einfachheit halber nach den Hauptrichtungen der Windrose benannt.

[23] Das Beiwort *aḍ-Ḍaiʿa* "Liegenschaft, Landgut, Domäne; kleines Dorf" (Wehr, Arabisches Wörterbuch, 496) ist erschlossen aus der Bezeichnung "Ouâdi ed Daïaa" auf der Carte du Liban 1/20 000 Feuille N-9 Deïr el Ahmar.

[24] Benutzt von der hier dicht am Gebirgsfuß entlangführenden Eisenbahnlinie der *Biqāʿ*.

Tales ab (Tf. 3B und 4A). Der Scheitel ist in seiner gegenwärtigen Ausdehnung ein Plateau von ca. 60 m Länge und ca. 40 m Breite, das leicht nach Norden absinkt (Niveauunterschied ca. 2 m). Das nördliche Drittel des *tall* (ca. 25 m) ist heute eine gegen die Quelle hin absteigende Stufenfolge von vier Terrassen, die, wohl um landwirtschaftliche Anbauflächen zu gewinnen, jeweils über die volle Breite in den Hügel hineingeschnitten wurden. Der Höhenunterschied vom Scheitel bis zum Fuß der untersten Stufe beträgt etwa 12 m. Der - vor allem am Osthang - ziemlich dichte Scherbenbelag vermittelt ein ungleich differenzierteres Bild der Siedlungsgeschichte, als es die Sammelergebnisse von Copeland und Wescombe[25] vermuten lassen (FB, MB II, SB, E; R, By und A nur in vereinzelten Streuscherben)[26].

9. *ḪIRBAT AL-MURĒMĪR (2017:2422)*[27]

Ḫirbat al-Murēmīr liegt auf einer kegelförmigen Kuppe, die über 30 m hoch am Ostrand der *Biqāʿ*, etwa 2 km südsüdöstlich des Dörfchens *Rasm al-Ḥadaṯ*[28], emporragt. Mit den dahinter aufsteigenden Vorhöhen des Antilibanos verbindet sie auf der Südostseite ein schmaler Sattel, von dem eine Rinne, den Kegel gegen Osten isolierend, steil nach Norden hinabläuft. Sie mündet aus in eine ostwärts einbuchtende Hangmulde, deren Grund durch eine schwache Quelle, *ʿAin al-Murēmīr*, bewässert wird. Am obersten Nordwesthang verhindert eine 2 - 3 m hohe Felskante den unmittelbaren Zugang zum Scheitel, einem runden, kaum gewölbten und teils felsigen Plateau mit einem Durchmesser von 25 m in der Ost-West- und 30 m in der Nord-Süd-Erstreckung. Bis zum Rande des Scheitels hinauf bedecken Ruinen den oberen Ost- und Südhang. Auf der Ostseite reichen sie hinab bis auf die etwa 20 - 30 m breite Sohle der Rinne und den Ansatz des Sattelgrates, dessen Niveau, rund 5 m unterhalb des Scheitels, zugleich das Richtmaß für die untere Grenze der südlichen Ruinen ist. Zusammenhängende Gebäudestrukturen lassen sich nirgendwo mehr klar erkennen - sieht man vom Sattelfuß der Kuppe ab, wo sich der schätzungsweise 10x10 m große Grundriß eines repräsentativeren Gebäudes aus Doppelreihen regelmäßig zugeschnittener und fein geglätteter Quader im Boden abzeichnet. Dieses Gebäude stammt, wie der Großteil der

---

[25] Nur frühbronzezeitliches und fragwürdiges chalkolithisches Material (Inventory II, 78).

[26] S.u. S. 42-47.

[27] 25.9.1972; 1 St. 30 Min. (2 Pers.); AN 22.

[28] Zum Namen und seiner Schreibung vgl. Wild, Libanesische Ortsnamen, 228.341.

Ruinen, zweifellos aus der byzantinischen Zeit, deren Scherben an allen Hängen mehr oder weniger reich verstreut liegen. Gut vertreten ist auch arabische Keramik, doch nur auf einer eng begrenzten Fläche, nämlich im unteren Trümmerbereich der Rinne, etwa auf der halben Höhe des Hügels. Ein Bruchstück hellenistischer Keramik und eine Handvoll Scherben der MB II-Periode[29] bekunden, daß der Hügel auch in älteren Zeiten nicht gänzlich unbewohnt war.

10. *AḤLĀ (2022:2434)*[30]

11. *TALL AḤLĀ (2018:2439)*[31]

1,5 km nordöstlich von *Ḫirbat al-Murēmīr* entspringt am Fuße einer hohen Felswand eine starke Quelle, *ʿAin Aḥlā* genannt[32]. Sie entläßt einen Bach, der in westnordwestlicher Richtung abfließt, zunächst in einem flachen Tal, bis er nach 1,3 km die Straße *Baʿalbak - Ḥimṣ* kreuzt. Nach einem nordwärts ausbuchtenden Bogen um den Hügel von *Rasm al-Ḥadaṯ* lenkt er beim *Tall al-Maṯḥana* (Nr. 13) in die Anfangsrichtung zurück und erreicht nach kurzem Lauf ein wenig südlich von *Tall al-Ḥiṣn* Süd (Nr. 14) die Einzugssenke der *Biqāʿ*, wo er sich schließlich verläuft.
Im Bereiche seines Oberlaufs, im Abschnitt zwischen Quelle und Straße, befinden sich zwei Siedlungsplätze von recht verschiedener Art, *Aḥlā* und *Tall Aḥlā*. Das von der Quelle rund 400 m entfernte *Aḥlā* ist eine Eckterrasse am Südrand der hier etwa 15 m tiefen und auf der kultivierten Sohle etwa 50 m breiten Talrinne. Eine in Stufen zum Tal hin absinkende Mulde gibt der Terrasse auf der Westseite ihre Kontur. Auf den übrigen Seiten geht sie in ebenes, nach Süden leicht ansteigendes Ackergelände über, von ihm nur unterschieden durch den grauen Schuttbelag, der auch den Osthang

---

[29] S.u. S. 48.

[30] 24.9.1972; 30 Min. (2 Pers.); AN 20.

[31] 21.9.1972; 1 St. 15 Min. (2 Pers.); AN 19.

[32] Die Schreibung des Beiwortes ist sehr unterschiedlich.
Jirku, der den damit bezeichneten *tall* im Jahre 1929 entdeckte (vgl. ZDPV 53, 1930, 158f; ZDMG 86, 1933, 180f), bietet einmal *āhle*, das andere Mal *āḥle*, Kuschke hinwiederum *aḥle* (ZDPV 70, 1954, 127). Das offizielle Verzeichnis der libanesischen Orts- und Geländenamen von 1970 ("Liban. Répertoire alphabétique des noms géographiques, français - arabe") vermehrt noch die Konfusion: auf S. 14 steht *Aḥlā*, auf S. 105 dagegen *Ahlā*. Vermutlich handelt es sich um den Elativ des Wortes *ḥilū* "süß", das als Quellbezeichnung passend und auch gebräuchlich ist (freundlicher Hinweis von Frau Dr. M.Kellermann). Dann würde die Form *Aḥlā* lauten.

der Mulde überzieht. Auf der Ecke, einem Felsplateau, dessen vorspringender Nordhang mit zerklüfteten Schroffen bis zum Talgrund abfällt, steht das Haus des heutigen Besitzers. Das Siedlungsareal auf dem Terrassenscheitel ist in der Nord-Süd-Richtung etwa 60 m lang und verengt sich in der Querrichtung von etwa 50 m am Talrand bis zu rund 30 m auf der Gegenseite. Der überall sehr dichte Scherbenbelag stammt aus byzantinischer und früharabischer Zeit.
Mehr ist an dieser Stelle siedlungsgeschichtlich auch kaum zu erwarten; denn die älteren Niederlassungen standen etwa 600 m weiter talabwärts, auf dem kleinen *Tall Aḥlā* (Tf. 4B). Die niedrige Kuppe liegt im Grund des hier nur noch flach eingesenkten und nunmehr 200 m breiten Tales, am linken Ufer des Baches, der sich in einem kanalisierten Bett von 2 m Breite um den Nord- und Westfuß windet. Es handelt sich bei diesem *tall* um eine dem Bachlauf parallel gestreckte und zu einem guten Teil natürliche Aufwölbung, die auf der Süd- und Ostseite bis zu etwa 4 m hoch aufsteigt, zum Bach hin dagegen bis zu 6 m tief abfällt. Während sie am Ostende fast unmerklich in das angrenzende Anbaugelände übergeht, ist sie am Westrand, nach einem sanften Niveauabfall von etwa 2 m, durch eine scharfe Felskante markiert. Die Langseiten sind in der unteren Hälfte gestuft. Der Schuttkegel dieser Siedlungskuppe erreicht lediglich eine Höhe von 2 m und endet gegen Westen rund 20 m vor der Felskante; er nimmt insgesamt nur eine Fläche von etwa 80x20 m ein. Die Scherbenlese auf dem überpflügten Boden erbrachte eine relativ reiche und reichhaltig zusammengesetzte Kollektion (Ch, FB, MB II, SB, E, By, A)[33].

12. *TALL AN-NABAʿ (2006:2440)*[34]

13. *TALL MAṬḤANA (2005:2443)*[35]

Tall Aḥlā (Nr. 11) ist der östlichste in einer Gruppe alter Siedlungshügel, die sich im engeren und engsten Umkreis von *Rasm al-Ḥadaṯ* zusammendrängen. Nur 1,25 km weiter westlich folgt bereits der imposantere *Tall an-Nabaʿ* (Tf. 5A). Er liegt dem Dorf südwestlich gegenüber, von ihm getrennt durch eine etwa 100 m breite, hier ansetzende und nach Nordnord-

[33] S.u. S. 48-51. - Während Copeland und Wescombe (Inventory, 54) nur FB III-Keramik verzeichnen, kommt Jirku unserem Befund wesentlich näher: "Besiedlung in B_1, B_3-E_1 und in der römisch-byzantinischen Zeit" (ZDPV 53, 1930, 159; vgl. auch ZDMG 86, 1933, 181).

[34] 18.9.1972; 1 St. 30 Min. (4 Pers.); AN 11.

[35] 24.9.1972; 1 St. 30 Min. (3 Pers.); AN 21.

westen absinkende Mulde, in der die starke Quelle, die am Nordwestfuß des Hügels entspringt und diesem den Namen eingebracht hat, zu dem von der *ᶜAin Aḥlā* ausgehenden Bach (s. unter Nr. 11 und 12) hin entwässert. Der *tall* nimmt eine Fläche von etwa 90 m Länge und 70 m Breite ein. Auf der nördlichen Langseite steigt er in ziemlich steilen Terrassenstufen zur Mulde ab (maximale Niveaudifferenz etwa 10 m); der Abfall zur Ebene im südlichen Umkreis ist sanfter und der Niveauunterschied geringer (maximal etwa 8 m). Der Schuttkegel des *tall* überlagert ein etwa 3 m hohes Felsplateau, dessen Südkante freigelegt wurde, als man im Zuge von Straßenarbeiten die östlichen zwei Drittel der Kuppe bis zu einer Tiefe von 2 m abtrug. Am Ostfuß birgt die Felsbasis, die hier von selbst zutage tritt, eine stark verfallene Grabhöhle (?) und eine tiefe Zisterne. Die Streuung der Scherben (Ch, FB, MB II, SB, E, R, By, A) ist im Bereich des abgegrabenen Teils sehr dicht, auf den übrigen Flächen dagegen unerwartet mager[36].

Etwa 300 m nordnordwestlich von *Tall an-Nabaᶜ* und 400 m nordwestlich von *Rasm al-Ḥadaṯ* erhebt sich jenseits der vorerwähnten Mulde die flachgewölbte Kuppe des *Tall Maṭḥana* (Tf. 5B). Seinen Namen führt er nach einer jetzt verfallenen Mühle am Nordfuß, im Winkel zwischen dem hier nordwestwärts vorbeiziehenden Bach der *ᶜAin Aḥlā* und einem den Ostfuß berührenden Zufluß der Dorfquelle. Der runde Hügel, in der Ausdehnung seines größten Durchmessers nur knapp 100 m weit, steigt auf der der Mulde zugewandten Ost- und Nordseite bis zu 8 m hoch auf, überragt die Ebene auf den Gegenseiten aber nur um etwa 3 m. Die Scheitelfläche, heute zum Teil als Friedhof benutzt und gekrönt von einem kleinen *walī*, unterscheidet sich in der Färbung ihres Bodens kaum vom steinigen Ackergrund der süd- und westlichen Umgebung. Der Scherbenbelag ist spärlich, der Scherbenbefund dagegen überraschend vielfältig (FB, MB II, SB, E, H, R, By, A)[37]. Vermutlich haben sich zu den verschiedensten Zeiten Ableger der Siedlung von *Tall an-Nabaᶜ* verlagert auf die Nachbarkuppe, die übrigens auch heute auf ihrem Osthang ein vom Dorfe isoliertes Anwesen trägt.

14. *TALL AL-ḤIṢN* Süd *(2000:2453)*[38]

Knapp 1,5 km nordwestlich von *Rasm al-Ḥadaṯ* liegt über dem steilgestuften Osthang der hier und auf dieser Seite etwa 15 m tiefen Einzugsrinne der

---

[36] S.u. S. 51-54.100. - Zum archäologischen Befund vgl. auch Copeland - Wecombe, Inventory II, 81.

[37] S.u. S. 55-56.

[38] 26.9.1972; 1 St. 45 Min. (3 Pers.); AN 24.

Biqāʿ die Ruinenstätte *Tall al-Ḥiṣn* Süd (im Unterschied zu *Tall al-Ḥiṣn* Nord bei *Labwa* [Nr. 18]). Das Grundwort *tall* trifft nicht den eigentlichen Sachverhalt; denn es handelt sich nicht um einen Ruinenhügel, sondern um ein Ruinenplateau, das zwar im Süden durch eine flache Senke und auf der Gegenseite durch eine stärker eingetiefte Mulde abgesetzt ist, nach Osten zu aber stufenlos in die angrenzenden Feldflächen übergeht. Das nördliche Ende des Plateaus steigt über eine Kunstterrasse von 15 m Breite in zwei 4 m tiefen Absätzen zur Mulde ab. West- und Südrand gehen, der Kontur von Tal und Senke folgend, in weitem Bogen ineinander über; und diese Biegung wiederholt sich in abgeflachter Form auf der Ostseite. Die südlichen zwei Drittel der etwa 125 m langen und bis zu 35 m breiten Ruinenfläche sind eingefaßt und im Innern gegliedert durch mächtige Trockenmauern, errichtet aus den Trümmern - darunter vielen Quadern und einigen Türrahmensteinen -, die man vom lockeren Erdboden des jetzt als Baum- und Gemüsegarten genutzten Areals abgelesen hat. Sie sind ganz offensichtlich die Relikte der arabischen und römisch-byzantinischen Perioden, die hier mit ihrer Keramik besonders reich vertreten sind. Trotz des starken Schuttbelages dieser Spätzeit fanden sich einige Scherben älterer Besiedlungsphasen (MB II[?], SB und E II[?])[39], was bei der Nähe von *Tall an-Nabaʿ* (Nr. 12) und *Tall Maṯḥana* (Nr. 13) sowie dem nördlich benachbarten *Tall al-ʿUyūn* (Nr. 15) nicht verwunderlich ist.

15. *TALL AL-ʿUYŪN (2007:2463)*[40]

1,25 km nordnordöstlich von *Tall al-Ḥiṣn* Süd (Nr. 14) erhebt sich weithin sichtbar aus der Einzugsrinne der Ebene, die hier, im Osten nur durch niedrige Flach- und Steilhänge begrenzt, den Fuß des Libanongebirges streift, der mächtigste Ruinenhügel der nördlichen *Biqāʿ*, *Tall al-ʿUyūn* (Tf. 6A und 6B). Sein Name deutet auf die Quellen, die etwa 100 m vor dem Nordfuß in dem nach Norden zu spürbar absinkenden Talgrund ans Licht treten. Das in Nord-Süd-Richtung sich streckende Massiv ist etwa 140 m lang und bis zu ca. 18 m hoch und erreicht in der Mitte eine Scheitelbreite von rund 60 m. Es steigt im Süden mit einer mäßig steilen Böschung etwa 10 m hoch auf, zieht sich sodann mit seiner Scheitelfläche in leichtem Anstieg (Niveaudifferenz ca. 1,5 m) hin bis zu einer tumulusartigen Aufwölbung von etwa 1,5 m Höhe (Gesamtlänge ca. 85 m), fällt danach in einem

---

[39] S.u. S. 57-58.

[40] 19. und 24.9.1972; 1 St. 15 Min. (4 Pers.) und 4 St. 15 Min. (3 Pers.); AN 13.

konkaven Bogen von schätzungsweise 15 m Länge etwa 11 m tief ab, läuft nun noch in sanfter Neigung über eine Strecke von etwa 40 m weiter und endet schließlich abrupt mit einer 4 m hohen Steilwand. Auf der Nord- und Nordostseite tritt rund 3 m über dem Talgrund eine Felsbank zutage. Der Westhang fällt, unterbrochen von zwei durchgehenden, aber nicht geradlinig verlaufenden Terrassenbändern, ziemlich steil zur kultivierten Talsohle ab, desgleichen der Osthang, in dessen Südhälfte man in jüngster Zeit mit maschineller Gewalt eine Stufenfolge breiter Steilterrassen hineingeschnitten hat. Dabei wurde auch die östliche Hälfte der Scheitelfläche zwischen Südkante und Aufwölbung bis zu einem halben Meter tief abgeschürft und über den östlichen Hangrand geschoben. Die gesamte Oberfläche ist übersät mit Scherben, zumeist aus vorhellenistischer Zeit (N, Ch, FB, MB II, SB, E, H, By, A)[41].

16. *LABWA* Nord A *(2080:2506)*[42]

17. *LABWA* Nord B *(2076:2505)*[43]

18. *TALL QAṢR LABWA (TALL AL-ḤIṢN* Nord*) (2071:2506)*[44]

Nördlich der Breite von *Tall al-ʿUyūn* (Nr. 15) passiert die Straße *Baʿalbak - Ḥimṣ* ein hügelig bewegtes Gelände, das keine alten Ruinenplätze aufweist. Erst bei dem rund 9 Straßenkilometer von *Rasm al-Ḥadaṯ* entfernten Dorfe *Labwa*, das sich gegen sie von Osten her auf einer Fußfläche des Antilibanos herabsenkt, erreicht sie wieder eine oasenartige Siedlungsinsel, die sich einige Kilometer weit nach Norden erstreckt. Sie lebt von den überaus starken Quellen des Dorfes, deren Wasser durch eine weit ausfächernde Reihe von Kanälen in die westliche und nördliche Umgebung abgeleitet wird. Sie entspringen an vier Punkten westlich der Kreuzung, welche die genannte Süd-Nord-Route mit der westwärts vom Ort zum Bahnhof *Labwa* führenden Straße bildet, am Fuße einer Geländeschwelle, die sich unmittelbar nördlich des Dorfes vom Gebirge in die Ebene vorschiebt. Die heutige Niederlassung steht auf siedlungsgeschichtlich unberührtem Boden. Die älteren Siedlungsplätze befinden sich in ihrer westlichen Nachbar-

---

[41] S.u. S. 58-80.100.

[42] 21.9.1972; 1 St. (3 Pers.); AN 17.

[43] 21.9.1972; 2 St. (2 Pers.); AN 18.

[44] 11. und 13.9.1972; 2 St. (2 Pers.) und 2 St. 15 Min. (3 Pers.); AN 2.

schaft, und zwar nicht weniger als vier auf engstem Raum vereint. 200 m südlich der Kreuzung durchquert die heutige Fahrbahn in einem tiefen Einschnitt die flache, aber ausgedehnte Erhebung des *Tall Labwa*, der die Überreste neolithischer, späteisenzeitlicher und hellenistischer Besiedlung birgt[45].

Spuren alter Besiedlung zeigt auch die Scheitelfläche der vorerwähnten Geländeschwelle, und zwar im Bereiche oberhalb der Quelle. Etwa 200 m westlich der heutigen Straße nach *Ḥimṣ* gipfelt sie in einer Kuppe (*Labwa* Nord A), die von der hier noch bestehenden alten Fahrbahn in einem am Süd- und Westhang aufsteigenden spitzen Bogen umgangen wird. Vom Knick, mit dem diese Straße auf der Höhe wieder in die allgemeine Richtung des Verlaufs (Nordost-Nordnordost) zurücklenkt, geht man noch etwa 100 m weit in leichtem Anstieg zum Scheitel der Kuppe hinauf. Seinen Rand markiert im Westen eine niedrige Felsstufe (mit eingebrochener Grabhöhle), auf der Ost- und Südseite nicht minder scharf die Abbruchkante eines Steilhangs, der nach Osten etwa 15 m tief in eine Mulde, nach Süden etwa 20 m tief bis hin zur alten Straße abfällt. Nord- und Westhang sind in die sanfte Neigung einbezogen, mit der die ganze Schwelle sich auf diesen Seiten zur Ebene hinabsenkt. Im Zentrum des ovalen Scheitels (Ost-West: 42 m; Nord-Süd: 32 m) tritt der gewachsene Fels zutage; die übrigen Teile sind überkleidet mit einer dünnen Erdschicht, die seinerzeit im westlichen Bereiche aufgepflügt war und hier vor allem einen überraschend vielfältigen Scherbenbestand aufwies (Ch, FB, MB II, SB, E[?],A)[46]. Dieser Befund ergänzt die Untersuchungsergebnisse von Copeland und Wescombe, die vor allem neolithische Relikte - Fragmente von Ton-, "white ware"- und Steingefäßen sowie Pfeilspitzen - registrierten, dagegen nur drei sichere Scherben der frühen Bronzezeit notieren[47].

Westlich-westsüdwestlich unterhalb der Kuppe, etwa 400 m von ihrem Gipfelpunkt entfernt, schiebt sich eine kurze, breite Spornterrasse (*Labwa* Nord B) nach Süden vor, von dem dahinter leicht ansteigenden Scheitel der Schwelle künstlich abgetrennt durch einen etwa 5 m tiefen und 2 m breiten Graben, das Teilstück eines Kanals, der Wasser aus dem Quellbereich um den Kopf der

---

[45] Durch den erwähnten Einschnitt und eine von Diana Kirkbride durchgeführte Sondage ist die Siedlungsfolge hier in groben Zügen aufgehellt; vgl. Copeland - Wescombe, Inventory II, 71-73; Kirkbride, Early Byblos, 46-53.

[46] S.u. S. 80-82.

[47] Die Differenz erklärt sich möglicherweise daraus, daß Copeland und Wescombe sich mehr auf die - von uns ausgesparte - Scheitelfläche westlich des Straßenbogens konzentrierten und der Boden dort wie auf der Kuppe damals vielleicht noch nicht aufgepflügt war.

Schwelle herum nach Norden leitet. Der Sporn veränderte seine Oberflächengestalt nicht unbeträchtlich, als man in jüngster Zeit die oberen Hänge mit Bulldozern terrassierte und dabei hier wie auf dem Scheitel den Erd- und Schuttbelag teils durcheinanderwürfelte, teils wegschob und über den Südhang kippte. Nach Westen zu gelangt man nun über zwei 10 m breite Stufen zu einer etwa 5 m tiefer gelegenen Terrassenfläche der Geländeschwelle; Ost- und Südhang steigen in unregelmäßig breiten Stufen ab (der Osthang ca. 30 m weit und bis zu ca. 9 m tief, der Südhang ca. 10 m weit und bis ca. 6 m tief), bevor sie sich im natürlichen Steilgefälle fortsetzen (Höhendifferenz zwischen Plateau und Talgrund ca. 30 m). An den Langseiten der jetzt etwa 40 m langen und 16 m breiten Scheitelempore wurde der gewachsene Fels angeschnitten und dabei je eine kleine, mehrfach verputzte Zisterne halb weggeschnitten. Die - vielleicht infolge der geschilderten Eingriffe - nur noch spärlich vorhandenen Scherben stammen ausnahmslos aus spätantiker (R, By) und arabischer Zeit.

Etwa 500 m westlich der Spornterrasse *Labwa* Nord B und 1 km westnordwestlich der Verkehrskreuzung am Westrand des Dorfes berührt die zum Bahnhof *Labwa* führende Straße den Nordfuß von *Tall Qaṣr Labwa* bzw. *Tall al-Ḥiṣn*[48]. Der Hügel ist ein längliches Massiv, das an seinem Südende durch einen etwa 100 m langen und bis zu 5 m tiefen Sattel mit einer natürlichen Kuppe verbunden ist[49]. Das Nordende und die östliche Langseite fallen in steilen Terrassenstufen bis zu etwa 20 m tief zum Tal hin ab, in dem die Quellen von *Labwa* abfließen. Die Westseite geht in zunehmend breiter und niedriger werdenden Terrassen in das angrenzende Ackergelände über. Nur zu einem geringen Teil besteht die Kuppe aus den Schuttablagerungen der hier einst errichteten Siedlungen; denn auf der Ostseite tritt schon wenige Meter unterhalb des Scheitelniveaus an der Wand der obersten Terrassenstufe der gewachsene Fels zutage. Der Scheitel ist in seinem obersten, etwa die südliche Hälfte umfassenden Teil ein unregelmäßig rundes Plateau von etwa 65 m Länge (Nord-Süd) und 55-65 m Breite (Verbreiterung von Nord nach Süd), dem

[48] Die erste Bezeichnung übermitteln Copeland und Wescombe, die zweite nannten uns die heutigen Bewohner, zwei Familien, deren Häuser am Nordwestfuß und auf dem Scheitel des *tall* stehen. *Qaṣr* bzw. *Ḥiṣn* bezieht sich auf die Ruine des römischen Tempels über dem Nordwesthang des Hügels. Zum Tempel vgl. Krencker - Zschietzschmann, Römische Tempel, 177; Taylor, Roman Temples, Abb. 28f. Der schon 1852 von Robinson (Neuere Biblische Forschungen, 693f, mit Hinweisen auf frühere Reisende) und 1929 wohl auch von Jirku (ZDPV 53, 1930, 159; ZDMG 86, 1933, 180) besuchte *tall* wurde von Kuschke 1954 wiederentdeckt (ZDPV 70, 1954, 128).

[49] Nach Copeland - Wescombe, Inventory II, 72 "Tall Hadaq", auf der Carte du Liban 1/20 000 Feuille 0-10 Laboué "Tallet es Basrâoué".

rund 2 m tiefer eine nach Nordwesten gerichtete, auf der Hälfte noch einmal leicht gestufte, etwa 40 m lange und am Ansatz etwa 30 m breite Terrasse vorgelagert ist, in deren Nordwestecke *al-Ḥiṣn* sich erhebt, das Podium des römischen Tempels von *Labwa*. Über den Sattel wird heute mittels eines Aquaeduktes Wasser auf das oberste Scheitelplateau geleitet und von dort nach Bedarf den tieferliegenden Terrassenflächen zugeführt. Die bei den Überflutungen abgesetzte Schwemmerde und der teils üppig wuchernde Bewuchs verhinderten auf den Nord- und Ostterrassen eine ergiebige Scherbensuche. Relativ gering war die Ausbeute auch am besser zugänglichen Westhang, auf dessen Fußterrassen vor allem byzantinische und arabische Keramik verstreut lag. Erfreulich dicht war demgegenüber der Belag fast ausschließlich vorhellenistischer Scherben auf den Flächen des Scheitels und der südlichen Hangterrasse. Trotz der die Scherbenlese erschwerenden Hindernisse ergab sich ein reichhaltiger Befund (neben By und A noch FB, MB II, SB, E, H, R)[50], der keinen Zweifel daran läßt, daß *Tall Qaṣr Labwa* neben oder im Wechsel mit *Tall Labwa* Siedlungsschwerpunkt der Oase von *Labwa* war[51].

19. *TLINTA (2066:2521)*[52]

1,6 km nördlich-nordnordwestlich von *Tall Qaṣr Labwa* (Nr. 18) hebt sich eine kleine Felsinsel, *Tlinta* genannt, mit unregelmäßig ausgefressenen Steilwänden etwa 2-3 m hoch heraus aus dem ebenen Ackergelände der Umgebung (*Ḥaql al-Bēḍa*). Das nur rund 30 m lange (Nord-Süd) und bis zu 27 m breite Scheitelplateau ist mit einem dünnen und unregelmäßig verteilten Erdbelag überkleidet. In einer flachen Einbuchtung der Nordwand fanden sich Reste einer Lehmziegelmauer. Zusammen mit der Handvoll Scherben, die auf der Oberfläche und am Fuß des Felssockels aufgelesen wurden (MB II, SB, E, By, A)[53], bezeugen sie eine sporadische Besiedlung. Mehr als ein Einzelanwesen wird hier aber kaum gestanden haben.

20. *TALL ṢŪĠĀ (2065:2534)*[54]

1,2 km nördlich von *Tlinta* (Nr. 19) liegt am Rande eines terrassierten Steilhangs, der hier den Bachlauf des beginnenden Orontes auf seiner West-

[50] S.u. S. 82-86.100.

[51] Noch im vorigen Jahrhundert lag "das armselige Dorf Lebweh" auf *Tall Qaṣr Labwa*; vgl. Robinson, Neuere Biblische Forschungen, 693.

[52] 14.9.1972; 45 Min. (4 Pers.); AN 7.

[53] S.u. S. 87.

[54] 14.9.1972; 2 St. 30 Min. (3 Pers.); AN 8.

seite etwa 20 m hoch überragt, das Dörfchen *Tall Ṣūǧā* (Tf. 7A). Wie sein Name andeutet, breitet es sich über eine alte, etwa 60 m lange und 30 m breite Siedlungskuppe, die sich mit flachen Hängen bis zu 4 m hoch aus der Ackerfläche des westlichen Umkreises heraushebt. Dorfbewohner haben die steilere Ostseite des *tall* im Bereich seiner Nordhälfte stark abgegraben und dabei Schichten bloßgelegt, die sonst unter dem Schutt der römischen, byzantinischen und arabischen Siedlungen begraben liegen. Hier fanden sich in hinreichender Menge Scherben der mittleren (II) und späten Bronze- sowie der frühen Eisenzeit[55]; und hier wurde ein etwa 1,5 m hoher Pithos mit kurzem, gerade aufsteigendem Rand und drei ringsum laufenden Schnurverzierungslinien geborgen. Er steht in einem Haus des nördlichen Dorfquartiers. Das letzte Gebäude am südlichen Ende des Dorfes, das in dieser Richtung das Areal des *tall* mit einigen Anwesen noch ein gutes Stück weit überschreitet, bewahrt zwei spätantike Handmühlen aus Basalt auf, eine Trichter- und eine Fenstermühle.

21. *TALL ḤAQL AL-ǦĀMIᶜ (2076:2557)*[56]

2,6 km nordnordöstlich von *Tall Ṣūǧā* (Nr. 20) und 0,8 km nördlich des Weilers *az-Zīrī* leuchtet aus dem Dunkelgrün der Vegetation, die den Grund des hier noch flach eingesenkten Orontestales überzieht, der mergelfarbig helle Kegel des kleinen *Tall Ḥaql al-Ǧāmiᶜ* (Tf. 7B) weithin sichtbar hervor. An seiner Ost- und Nordseite streicht, 2-3 m breit und von Pappeln gesäumt, der Bach vorbei, mit dem der Orontes noch gleichsam zaghaft seinen Lauf beginnt. Die nach Norden in den leicht absinkenden Talgrund vorspringende Kuppe ruht auf einer Felsbank, die mit einer bis zu 3 m hohen Steilwand unter dem Nord- und nördlichen Westfuß zutage tritt. Aus der Vogelperspektive betrachtet, bildet der Hügel ein breites Oval von ca. 60x30 m auf dem Fußniveau. Der leicht gewölbte Scheitel hat eine Ausdehnung von ca. 30x15m. Der Hangabfall, auf der Nordseite steil, wird nach Süden hin zunehmend flacher. Die Höhe beträgt auf der Westseite maximal ca. 13 m; auf der Gegenseite reicht der durch Terrassenmauern abgestützte Fuß dem Absinken der Talsohle entsprechend noch etwa 2 m tiefer. Am Südhang zeichnet sich in 3 m Höhe eine 5 m lange Mauerzeile ab; ein Mauerstück von 2-3 m Länge durchbricht etwa 2 m über der Oberkante der Felsbank auch den Nordhang. Die Scherbenlese war auf der kaum bewachsenen Oberfläche dieses Siedlungshügels überaus ergiebig (FB[?], MB II, SB, E, H, R, By, A)[57].

[55] S.u. S. 88-89.100.

[56] 15.9.1972; 2 St. (3 Pers.); AN 9.

[57] S.u. S. 89-92.

22. *2085:2595*[58]

Folgt man von *Tall Ḥaql al-Ǧāmiᶜ* (Nr. 21) dem sich zunehmend vertiefenden Orontestal nach Norden, so stößt man nach 3,8 km auf eine Spornkuppe, die von der östlichen Steilwand der hier rund 20 m tiefen und 150-200 m breiten Talschlucht vorspringt (Tf. 8A). Talwand und Kuppe verbindet ein kurzer, bis zu 2 m tief eingewölbter Sattel, ein schmaler Grat zwischen zwei Mulden, deren Einschnitte dem Sporn weitgehend seine Kontur verleihen. Die südliche Mulde fällt steil von einer scharfen Kante ab, und entsprechend steil ist der Hang des Sporns auf dieser Seite. Die nördliche Mulde setzt flach beim Sattel an und sinkt, sanfter geneigt, in einem weit sich öffnenden Bogen zum ebenen Talgrund ab. Flacher ist deshalb auch der Steigungswinkel des nördlichen Spornhangs, den überdies rund 1 m unterhalb des Scheitels eine schmale Terrasse unterbricht. Der Fronthang geht nach einem Abfall von 5-6 m in eine Spornnase über, die nach Süden umbiegt und mit ihrer bis zu ca. 15 m hohen Außenseite den Pappelsaum des Flusses steil überragt. Der ebene Scheitel der Kuppe ist maximal rund 20 m lang (Ost-West) und 15 m breit. Seine Kante ist markiert durch eine Ringmauer, die am Ostende verschwindet, am Südrand des Sattels aber wieder auftaucht. Der Schuttbelag ist dünn, und am Südostrand des Scheitels tritt sogar der gewachsene Fels (Muschelkalk) zutage. Die Scherbenstreuung ist dementsprechend spärlich, doch überraschend vielfältig (FB, MB II, SB, E[?], R, By, A)[59].

23. *AL-ᶜAIN (210:253)*[60]

24. *FĀKIHA (212/3:255)*[61]

25. *RĀS BAᶜALBAK (214:256/7)*[62]

Nördlich von *Labwa* (s. Nr. 16-18) säumt eine Kette von Dörfern in dichter Folge die Straße nach *Ḥimṣ* und den hier von ihr berührten Gebirgsfuß. Diese Ballung dörflicher Niederlassungen am Rande der Oase von *Labwa* läßt vermuten, daß die Besiedlung dieser Zone schon im Altertum nicht auf das

---

[58] 18.9.1972; 1 St. 45 Min. (3 Pers.); AN 10. - Ein Name war für diesen Platz nicht zu ermitteln.

[59] S.u. S. 92-93.100.

[60] 20.9.1972; 2 St. (4 Pers.); AN 14.

[61] 20.9.1972; 1 St. 15 Min. (4 Pers.); AN 15.

[62] 20.9.1972; 1 St. 45 Min. (4 Pers.); AN 16.

Zentrum der Ebene im Bereich der Orontessenke konzentriert blieb, sondern auch weiter östlich Fuß faßte, dort jedenfalls, wo Quellen die Wasserversorgung einer Siedlung zu sichern vermochten, wie es in *al-ᶜAin*, *Fākiha* und *Rās Baᶜalbak* der Fall ist. Nicht zuletzt aus diesem Grund wurden die drei genannten Orte in Augenschein genommen, freilich mit recht geringem Erfolg, bedingt vor allem durch die Hang- und Muldenlage sowie die extensive und dichte Überbauung. So zieht sich *al-ᶜAin* gut 1 km weit und 100 m hoch den Gebirgsfuß hinauf, breit ausfächernd im oberen Teil. Er bildet den alten Kern des Dorfes[63], dessen Siedlungstradition mindestens bis in die Spätantike zurückreicht. Das bezeugt die arabische und byzantinische Keramik, die auf den Gartenterrassen am östlichen Nordrand des Dorfes verstreut liegt. Hier oben, und zwar im nordöstlichen Winkel des Siedlungsareals, entspringt auch die kräftige Quelle, nach der die Ortschaft wohl benannt ist. Das 3 km weiter nordöstlich gelegene Nachbardorf *Fākiha* füllt eine Mulde im Nordhang eines Steiltals, das bei *Ǧudēda* an der Straße nach *Ḥimṣ* in die *Biqāᶜ* ausmündet. Möglichkeiten der Scherbensuche bot nur der kultivierte Talgrund unterhalb des Dorfes, wo aber Vegetation und Erosion von vornherein ein dürftiges Ergebnis erwarten ließen. Der Befund stellt immerhin eindeutig klar, daß die Besiedlung auch hier bis in die byzantinische Epoche zurückgeht. Das Großdorf *Rās Baᶜalbak*, das von *Fākiha* nur noch 1,5 km entfernt und auf einer nordostwärts führenden Piste, einer altbegangenen Route[64], direkt zu erreichen ist, überlagert den Grund und den Südhang einer großen Talmulde, die sich breit zur Ebene der *Biqāᶜ* hin öffnet und gegen sie gleichsam abgeschirmt ist durch das üppige Grün eines ausgedehnten Gartengeländes, das von der im Zentrum des Ortes entspringenden Quelle bewässert wird. Keramik byzantinischer und arabischer Provenienz war erwartungsgemäß in reicher Menge vorhanden[65]. Daneben fanden sich hier aber auch vereinzelte Stücke älterer Perioden (R, H, E, MB II)[65a].

26. *HIRMIL (2114:2720)*[66]

Die ausgedehnte Gartenoase von *Hirmil*[67] (Tf. 8B) schmiegt sich in einen

---

[63] Vgl. Robinson, Neuere Biblische Forschungen, 695f.

[64] Vgl. Robinson, Neuere Biblische Forschungen, 696.

[65] Von den Kirchen- und Hausruinen dieser Zeit, die Robinson (Neuere Biblische Forschungen, 697) hier sah, ist heute das meiste verbaut. Zu den spätantiken Inschriften von *Rās Baᶜalbak* vgl. Rey-Coquais, IGLS VI, 180 Nr. 2901-2902.

[65a] S.u. S. 93-94.

[66] 8. und 9.9.1972; Ort und Umgebung ca. 10 St., Ortskern (Koordinaten) 3 St. (4 Pers.); AN 1.

[67] Zum Namen vgl. Wild, Libanesische Ortsnamen, 343 (Lit.).

Winkel der Fußhöhen des Libanon, die südlich der Ortschaft in kilometerbreiter Front an das Schluchttal des Orontes herantreten und eine landschaftlich sterile Verkehrsbarriere bilden, die - heute wie schon in römischer Zeit - die von Norden, aus der Ebene von *Tall Nabī Mind* kommende Straße zwingt, auf der Breite von *Hirmil* den Fluß zu überqueren und auf der östlichen Talseite ihren Lauf fortzusetzen. Das Zentrum und den alten Kern des weit auseinandergezogenen Dorfes, das rund 10 000 Einwohner beherbergt, bildet eine dicht überbaute Kuppe (Tf. 9A). Sie überhöht den Nordrand eines Steiltals, das hier, gemessen vom Scheitel bis zur terrassierten und kultivierten Sohle, rund 30 m tief ist und in seinem Kopf, etwa 1,25 km westsüdwestlich des Dorfes, eine überaus kräftige Quelle (*ʿAin Rās al-Māl*) entläßt, die über mehrere Kanäle die gesamte Oase bis hin zum nördlich benachbarten Weiler *Tall al-Fār* bewässert. Auf der Nordseite ragt der Hügel bis zu ca. 15 m hoch empor über einer flachen Ackermulde, die schon ein wenig weiter östlich in die *Biqāʿ*-Ebene übergeht. Im Westen trennt ihn von den allmählich aufsteigenden Vorhöhen des Libanon ein Sattel, der beim Kopf der Mulde ansetzt und sich rapid zum Schluchttal hin vertieft. Auf seinem Fußniveau erstreckt der Hügel sich über eine Länge von ca. 170 m (Ost-West) und über eine Breite von ca. 90 m, die sich auf der Scheitelhöhe bis auf rund 60 m verringert (in der Längsrichtung erlaubte die flacher und gleichmäßiger gebildete Wölbung der Kuppe keine Bestimmung der Scheitelausdehnung). Die weitreichende Überbauung der Oberfläche schränkte die Möglichkeiten der Keramiksuche drastisch ein auf wenige Freiräume zwischen den Häusern, auf die Gartenterrassen am West- und Nordfuß und auf drei kleine Terrassenflächen am Nordosthang, die beim Bau von Häusern und der am Nordfuß entlangführenden Straße in den Schuttkegel geschnitten wurden. Hier trat denn auch römische, hellenistische und ältere (E, SB, MB II)[68] Keramik zutage, während sonst auf dem Hügel wie auch in seinem Umkreis nur Scherben byzantinischer und arabischer Herkunft sich fanden[69].

In der engeren und weiteren Umgebung von *Hirmil* hat die spätantike Zeit noch andere Spuren hinterlassen. So liegen am flachen Nordhang der erwähnten Ackermulde, der Kuppe nordöstlich gegenüber, die Reste von Kalksteinsarkophagen verstreut. Und etwa 2 km südöstlich-ostsüdöstlich des Dorfes gibt es am felsigen Rand der Orontesschlucht, ca. 1200 m (Luftlinie) ober-

68 S.u. S. 94-96.

69 Zu den spätantiken Inschriften von *Hirmil* vgl. Rey-Coquais, IGLS VI, 180-182 Nr. 2903-2904.

halb des Straßenüberganges *Ǧisr al-ʿAṣī*, eine ausgedehnte Nekropole byzantinischer Senkgräber mit z. T. noch vorhandenen Deckplatten - alles freilich aufgebrochen und ausgeraubt. Ob dieser Friedhof noch zum byzantinischen *Hirmil* oder zu einer nähergelegenen Dependenzsiedlung gehörte, ließ sich aus Zeitgründen nicht feststellen.

27. *ḪIRBAT BUSĒBIS (2162:2737)*[70]

Etwa 5 km östlich-ostnordöstlich von *Hirmil* (Nr. 26) und 1,5 km ostnordöstlich des Dorfes *Šuwāġīr* liegt an der westlichen Steilkante der Orontesschlucht (Tf. 10 B), aus einer von Westen her sanft ansteigenden Bodenschwelle, die auch nach Norden hin sich unmerklich anhebt, auf der Südseite dagegen zu einer weiten und flachen Mulde des Talrands abfällt, die kleine *Ḫirbat Busēbis* (Tf. 9B). Der durch Fundamentlinien mehr oder weniger deutlich umrissene Ruinenkomplex setzt sich im wesentlichen aus zwei Elementen zusammen: 1. einem Gebäude von der Form eines unregelmäßigen Trapezes, das sich in nördlicher Richtung bis zu 35 m (Tf. 10A), in östlicher von 25 m bis zu 40 m verbreitert, dessen östliche Begrenzung heute aber der Schluchtrand bildet; 2. einem quadratischen Turm (12x12 m), gefügt aus großen, grob behauenen und bis zu vier Lagen hoch noch anstehenden Bruchsteinen. Dieser Turm bindet in die Westwand des Gebäudes ein, scheinbar ganz ohne Rücksicht auf die Symmetrie; denn die Distanz bis zur Nordwestecke des Hauptkomplexes beträgt 8 m, 5 m dagegen bis zur Südwestecke. Doch setzt 5 m südlich der Nordwestecke eine Mauer an, die noch 4 m weit nach Westen vorspringt und zweifellos auch mit dem Turm einst in Verbindung stand. Im Innern der Ruine (Tf. 10A), wo klare Strukturen an der Oberfläche nicht mehr auszumachen sind, und im nördlich anschließenden Gelände war der Scherbenbelag dichter als auf der West- und Südseite; im ganzen freilich war er nur mäßig stark, dabei jedoch von einer relativ großen Vielfalt (MB II, SB, E, By)[71].

28. *BĒT ḤĪRA (2186:2771)*[72]

29. *TALL ḤĪRA (2194:2770)*[73]

Etwa 4,5 km nordöstlich von *Ḫirbat Busēbis* (Nr. 27) gelangt man bei *Bēt*

[70] 12.9.1972; 1 St. 45 Min. (2 Pers.); AN 3.

[71] S.u. S. 97-98.

[72] 12.9.1972; 15 Min. (2 Pers.); AN 5.

[73] 13.9.1972; 1 St. 30 Min. (3 Pers.); AN 6.

Ḥīra, einem bäuerlichen Anwesen am Westrand der Orontesschlucht, in den Bereich zweier Ruinenstätten spätantiker Provenienz. Rund 300 m westlich des Gehöftes breitet sich in ebenem Karstgelände ein Feld verwitterter Trümmer aus, die, locker verstreut und ohne erkennbare Kontur und Struktur, eine Fläche von maximal 300x150 m einnehmen. Dürftig wie der architektonische ist auch der keramische Befund, der ausschließlich byzantinische Ware aufweist.

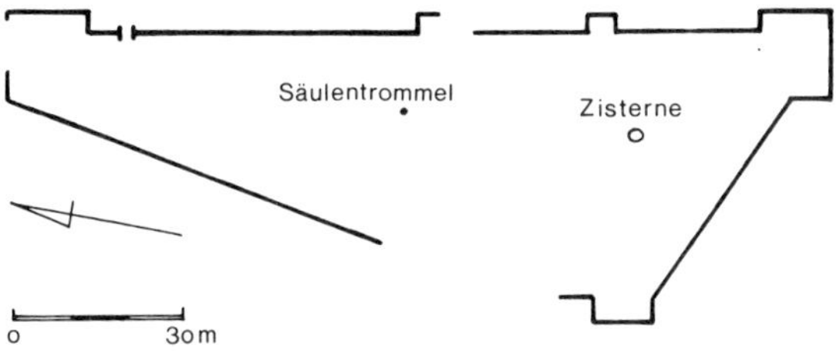

Abbildung 1

Schematischer Plan der Befestigung von *Tall Ḥīra* (nach einer Handskizze)

Größere Beachtung verdient die andere Ruinenstätte, *Tall Ḥīra*. Der östlich gegenüber von *Bet Ḥīra* über dem Orontes aufragende *Tall Ḥīra* (Tf. 11 A) ist eine nach Norden vorspringende Spornkuppe, die an der südlichen Schmalseite durch einen flachen Sattel und auf der Ostseite durch eine nordwärts absinkende, 20-30 m tiefe Mulde von der steilen und den *tall* noch überragenden Ostwand der Orontessenke abgesetzt ist. Der Westhang dieses derart isolierten Kegels fällt im südlichen Drittel in steilen Schrägterrassen, danach fast senkrecht etwa 40 m tief zum Orontes ab, der hier durch einen Erddamm, *Sadd al-Ḥīra*, leicht gestaut wird. Die Scheitelfläche der Erhebung ähnelt, aus der Vogelperspektive betrachtet, einem langgestreckten, ungleichseitigen Dreieck mit breit abgestumpften Ecken, dessen Basis der Ostrand bildet. Im südlichen Drittel erweitert sie sich von etwa 15 m bis auf 45 m, um sich dann bis zum Nordende allmählich wieder auf eine Breite von ca. 10 m zu verengen. Die Gesamtlänge der nach Norden zu leicht abfallenden Scheitelebene beträgt rund 145 m. Etwa 1 m unterhalb des Scheitelniveaus ist die Kuppe fast ringsum eingefaßt von den Fundamenten einer Ringmauer (s. Abb. 1) aus grob behauenen und z.T. schon stark verwitterten Kalksteinquadern (Tf. 11 B), die auf der südlichen Ostseite und der nördlichen Westseite noch bis zur dritten Lage hoch anstehen. Die Ecken des derart befestigten Terrains sind zu breiten Bastionen ausgebaut. Die lange Ostflanke ist darüber hinaus durch zwei Türme (?) verstärkt, eine Maßnahme, die sich auf der durch die natürlichen Gegebenheiten geschützten Flußseite erübrigte. Im nördlichen Viertel unterbricht eine Zugangsöffnung die Ostmauer. Der von dieser Ringbefestigung umschlossene Innenraum birgt heute, soweit sichtbar, nicht mehr als eine große Zisterne (im Zentrum der südlichen Hälfte) und eine Säulentrommel. Nur ganz vereinzelt fanden sich Scherben römischer und byzantinischer Keramik. Diese Anlage - auf sie geht zweifellos das Bestimmungswort *Ḥīra* "Burg"[74] im Namen dieser Örtlichkeit und ihrer näheren Umgebung zurück - war offensichtlich ein römisches Militärlager[75], dessen strategischer Zweck es wohl war, den Nordausgang der *Biqāʿ* zu kontrollieren und zu sichern. Dank seiner zentralen, geschützten und für die Wasserversorgung so bequemen Lage eignete sich *Tall Ḥīra* in der Tat für diese Aufgabe wie kaum ein anderer Punkt der Gegend.

30. *ḪIRBAT ḪANZĪRA (2206:2770)*[76]

Biegt man auf der Breite von *Tall Ḥīra* (Nr. 29) von der am Ostrand des Orontestales entlangführenden Piste nach Osten in das hier leicht gewellte Gelände ab, gelangt man nach etwa 1 km zu der unscheinbaren *Ḫirbat Ḫanzīra*. Was sich dem Auge des enttäuschten Besuchers darbietet, sind lediglich ein paar Konglomerate verwitterter Steine mit vereinzelten Rechteckstrukturen, die sich locker und unregelmäßig über ein Feld von 150 m Länge und 50 m Breite verteilen, und zwar am unteren Nordhang eines flachen, nach Osten entwässernden Tales. Die wenigen und wenig charakteristischen Scherben, die hier aufgelesen werden konnten, weisen diese ärmlichen Ruinen der byzantinischen Epoche zu.

31. *AL-QUṢĒR (2165:2816)*[77]

Von *Hirmil* (Nr. 26) führt eine gerade Fahrstraße in nordnordöstlicher Richtung zu dem gut 10 km weit entfernten Grenzdörfchen *al-Quṣēr*. Es flankiert den Beginn eines sich rasch vertiefenden Schluchttales, in dessen Kopf, unmittelbar östlich und unterhalb der Fahrbahn, eine intermittierende und danach *Nabaʿ al-Munqaṭaʿ* genannte Quelle entspringt. Etwa 300 m talabwärts tritt vom Westhang ein kurzer Sporn vor, der mit steilen Felsterrassen schätzungsweise 30 m tief zum kultivierten Talgrund abfällt. Seinen Scheitel nimmt das Fundamentkarree eines etwa 5x5 m großen Gebäudes ein, dessen ca. 1 m dicke Mauern, gefügt aus einer Doppelreihe sorgfältig geglätteter Quader, sich noch 3-4 Lagen hoch erheben. Auf den Terrassen unterhalb der Anlage fand sich ein wenig byzantinische und arabische Keramik.

---

[74] Zum Namen vgl. Wild, Libanesische Ortsnamen, 162.

[75] Zum römischen Militärlager vgl. Strobel, Das römische Belagerungswerk um Machärus, passim (Lit.).

[76] 19.9.1972; 15 Min. (3 Pers.); AN 12.

[77] 9.9.1972; 30 Min. (3 Pers.); AN 4.

DER KERAMISCHE BEFUND DER ALTEN SIEDLUNGSSTAETTEN DER NOERDLICHEN BIQĀᶜ

VON UWE MUELLER

Die große Anzahl der während des Survey im September 1972 gesammelten und später datierten Scherben erlaubt aus räumlichen Gründen nur die Darstellung einer Auswahl. Schon während der Felduntersuchung zeigte sich, daß den Ortslagen *Tall al-ᶜUyūn* und *Tall al-ᶜAin* besondere Bedeutung zukommt. Dies erklärt sich einerseits aus der Größe und Lage der Siedlungshügel, andererseits aus ihrem gegenwärtigen Zustand. Da sie nämlich bislang nicht überbaut wurden, erbrachten sie das umfangreichste keramische Material der gesamten Oberflächenuntersuchung. Frühzeitige Vergleiche der Keramik der einzelnen Ortslagen der nördlichen *Biqāᶜ* zeigten, daß der untersuchte Raum typologisch gesehen im wesentlichen homogen ist. Daraus ergibt sich die Möglichkeit, im vorliegenden Bericht exemplarisch vorzugehen, d.h. nicht alle Ortslagen repräsentativ darzustellen, sondern das Material von *Tall al-ᶜUyūn* zum zentralen Bezugs- und Vergleichspunkt zu machen. Von den etwa 340 datierten Scherben dieser Ortslage wird hier zwar nur ein knappes Drittel publiziert, das gesamte Scherbenmaterial wurde jedoch in Tübingen auf Tischen ausgelegt und als Maßstab dafür benutzt, welche Scherben der anderen Ortslagen gezeichnet und beschrieben werden mußten und welche weggelassen werden konnten, da Parallelen im Material von *Tall al-ᶜUyūn* vorhanden waren. Anfangs war geplant, die nicht veröffentlichten Parallelen in irgendeiner Weise zumindest im Text zu erwähnen, im Verlauf der Arbeit am keramischen Material zeigte sich jedoch, daß diese Verweise entweder sehr summarisch ausfallen oder aber den gewünschten Effekt der Straffung eben doch wieder zunichte machen würden. Anhand der den Scherbenbe-

schreibungen jeweils vorangestellten statistischen Ausführungen vermag sich der Leser aber dennoch ein im allgemeinen zutreffendes Bild davon zu machen, inwieweit Analogien zu der genannten Ortslage gefunden wurden; lagen andere Gründe für den Verzicht auf die Darstellung vor, so ist dies im Text vermerkt worden.
Um den Zeitaufwand für jede einzelne Ortslage in direkten Bezug zur Scherbenausbeute setzen zu können, ist im Text der Begriff der "Einheitsstunde" (ES) eingeführt worden. Er bezeichnet das zeitliche Äquivalent, das ein einzelner Sucher aufzubringen hätte, um arbeitsmäßig der Gruppe gleichgestellt zu sein[1]. Die in den statistischen Abrissen verwandten Bezeichnungen entsprechen gerafft den gängigen Chronologien[2]: In der Frühbronzezeit wurden nur die Perioden I bis III berücksichtigt, die Mittelbronzezeit II in A und B unterschieden, während in der Spätbronzezeit außer in I und II nicht näher differenziert wurde, was auch für die Eisenzeit gilt. Die hellenistische, römische, arabische und byzantinische Keramik wird durchgehend nicht dargestellt, da ihre Klassifizierung und Datierung als allgemein bekannt vorausgesetzt werden kann und diese Epochen im Rahmen des Survey mehr der Vollständigkeit halber miterhoben wurden.
Die Beschreibung von Gefäßen und ganz besonders von einzelnen Scherben bringt Probleme mit sich, die bis heute noch nicht zufriedenstellend gelöst worden sind, wie H.J.Franken treffend aufzeigt[3]. Dies gilt nun noch in verstärktem Maße für eine Oberflächenuntersuchung, die, im Gegensatz zu stratigraphischen Grabungen, auf die Hilfen, die sich aus der anfallenden Menge ähnlicher Scherben und der typologisch-stratigraphischen Abfolge eines Ortes ergeben, verzichten muß. Ich habe diesen Mangel dadurch zu verringern gesucht, daß ich für die einzelnen Beobachtungen soweit als möglich quantifizierte Standardisierungen eingeführt habe, in der Hoffnung, daß dies einen Weg jenseits von "subjective preference or professional flair"[4] eröffnet.

---

1 D.h. Teilnehmerzahl multipliziert mit der von der Gruppe aufgewandten Zeit.

2 Vgl. etwa Amiran, Ancient Pottery, 12 und 191. Da nur eine Scherbe der Mittelbronzezeit I sicher bestimmt werden konnte, erübrigt sich an dieser Stelle die Diskussion, ob der Bezeichnung von Kathleen M. Kenyon "EB-MB IP" der Vorzug gegenüber dem sonst gebräuchlichen Terminus "MB I" zu geben ist. Die Mittelbronzezeit II B schließt im vorliegenden Bericht MB II C grundsätzlich mit ein. Die Chronologie der Eisenzeit orientierte sich an der Einteilung der "Encyclopedia of Excavations"; es wurde jedoch während des Survey keine Keramik der Eisen II C-Zeit gefunden.

3 Franken, Analysis, bes. 229-231.

4 Franken, Analysis, 230.

Am Ende des Berichtes über den keramischen Befund findet sich ein Abschnitt über chronologisch problematische Pithosränder. Hier basierte die Datierung auf Mutmaßungen; da die abgebildeten Randtypen aber in mehreren Exemplaren an verschiedenen Orten auftauchten, sollte auf die Darstellung des Problems nicht verzichtet werden.

1. ZUR EINZELBESCHREIBUNG DER SCHERBEN

Aus den Abbildungen[5] wird ersichtlich, daß die durchgeführten Oberflächenuntersuchung nur Gefäßfragmente erbracht hat, die überdies zum Teil recht klein sind. Die typologische Einordnung, die aufgrund von Analogien zu bekannten Gefäßformen vorgenommen wurde, mag daher in einzelnen Fällen strittig sein, etwa wenn es unklar bleibt, ob ein Rand zu einer Schüssel oder einer Schale gehört. Bezüglich der Herstellung der Gefäße wurde nur zwischen "Scheibenware" und "handgemacht" unterschieden. So mißlich diese beiden Bezeichnungen sind (auch Scheibenware ist ja letztlich handgemacht)[6], geben sie immerhin Aufschluß über ein wichtiges Merkmal, das die Datierung erleichtert. Da eine technische Definition für die sogenannte "schnelle" bzw. "langsame" Scheibe und für die dazwischenliegenden Abstufungen nur sehr schwer zu geben ist, wurde auf diese Unterscheidung verzichtet.
Die Härte der Scherben läßt sich durch vier Kategorien beschreiben:

a) Scherben, die nicht mit dem Nagel ritzbar sind und die beim Anschlag hell klingen, wurden als "sehr hart gebrannt" bezeichnet (vgl. auch den Ausdruck "klingend hart gebrannt");
b) Scherben, die nicht mit dem Nagel ritzbar sind, aber beim Anschlag nicht klingen, wurden als "hart gebrannt" beschrieben;
c) "mäßig gebrannt" ist die Bezeichnung für Scherben, die sichtbar mit dem Nagel geritzt werden können, sofern sie nicht in die Kategorie d) fallen;
d) Scherben, die leicht ritzbar sind und von denen sich ohne sonderliche Mühe ein Abrieb erzielen läßt, wurden als "niedrig gebrannt" eingestuft.

Die Zahl der berücksichtigten Scherben ist bei dieser Oberflächenuntersuchung aufgrund des erklärlich schlechten Erhaltungszustands und der damit verbundenen Datierungsschwierigkeiten gering.

Bezüglich der Magerung lassen sich drei Aspekte erheben: die Kornzahl pro cm^2, die Korngröße und die Art des Zuschlages. Diese Werte wurden mit einem achtfach vergrößernden, auf Nonius kalibrierten Fadenzähler an einem fri-

---

5 Alle Abbildungen zeigen die Scherben im Maßstab 1:2.
6 Franken, Analysis, 230.

schen Bruch ermittelt. Die Kernzahl wird in der Scherbenbeschreibung durch den Wert vor dem Schrägstrich angegeben, wobei folgende Gruppen definiert wurden:

Teilchen pro cm^2		
0 - 10	= schwach gemagert	= 1/..
11 - 30	= mäßig gemagert	= 2/..
31 - 70	= stark gemagert	= 3/..
über 71	= sehr stark gemagert	= 4/..

Die Angabe der absoluten Kornzahl ist in vielen Fällen nicht sinnvoll, da etwa bei dünnwandigen Gefäßen die gefundenen Werte auf 1 cm^2 umgerechnet werden müssen. Der Vorrang lag bei dieser Untersuchung bei der Vergleichbarkeit, daher wurden bezüglich der Exaktheit Einbußen in Kauf genommen. Ähnlich lassen sich die Korngrößen nach dem Durchmesser kategorisieren; sie werden in den Beschreibungen durch die Zahl hinter dem Schrägstrich angegeben:

Durchmesser		
bis 0,5 mm	= fein	= ../1
0,5 - 1,5 mm	= mittel	= ../2
über 1,5 mm	= grob	= ../3

In den meisten Fällen liegt der Korndurchmesser im Bereich um 1 mm, die Einführung der Bereiche 0,5 - 1 mm und 1 - 1,5 mm erschien deshalb nicht sinnvoll. Hinzu kommt, daß die Korngrößen einer Scherbe erheblich streuen können. Auf diesen Umstand weisen entsprechende Zusätze (z.B. "vereinzelt größere Teilchen") hin. Die Bezeichnungen "sandig" und "feinsandig" deuten an, daß die Korngröße überaus gleichmäßig war.
Die Zuschläge wurden nur in organisch (or) und anorganisch (an) unterteilt. Mit organischer Magerung wird durchgehend Häckselmagerung bezeichnet, die Größe der Teilchen liegt im allgemeinen zwischen 2 und 4 mm. Da es mit den zur Verfügung stehenden Mitteln und Kenntnissen nicht möglich war, die genaue Natur der übrigen Zuschläge festzustellen, wurden sie unter der Bezeichnung "anorganisch" zusammengefaßt. In einzelnen Fällen gibt die Bezeichnung "kristallin" nähere Auskunft über die Art der verwandten Magerungsmittel. Bei gemischter Magerung ("an/or") wurden die organischen Teile zwar mitgezählt, ihre Größe blieb jedoch unberücksichtigt, so daß die Größenangabe sich bei gemischter Magerung nur auf den anorganischen Anteil bezieht.
Die Farbbenennung geht vom überwiegend vorherrschenden Farbton der Scher-

be aus, regionale Farbunterschiede, die durch den Brand entstanden sind, fanden keine Berücksichtigung. Alle Farbbestimmungen wurden bei Tageslicht anhand von standardisierten Farbtafeln[7] vorgenommen. Die Farbbezeichnung gibt eine Vorstellung der Farbe, die in Klammern angeführte Kennung bezieht sich auf die entsprechende Tafel. Da die Farbtöne der Scherben nur einen Ausschnitt im gesamten Farbspektrum darstellen, vermittelt die Kennung bei gleichlautenden Farbbereichen[8] einen Eindruck der jeweils vorliegenden Intensität und Deckungskraft. Soweit Farbnuancen definiert waren, wurden sie übernommen; in einigen Fällen war jedoch die übergreifende Bezeichnung vorzuziehen, da die angegebenen Namen nicht aussagekräftig genug waren[9]. Die Farbe des Kerns wird beschrieben, soweit sie nicht mit der Farbe der Oberflächen identisch ist. Zusammen mit Härtegrad und Art der Magerung erlaubt sie gewisse Rückschlüsse auf die Höhe der Brenntemperatur.
Neben Verzierungen finden sich noch zwei Arten der Oberflächenbehandlung, die im englischsprachigen Raum mit "slip" und "wash" bezeichnet werden. Während man "slip" mit "Überzug" zufriedenstellend übersetzen kann, fehlt für "wash" eine sinnvolle Entsprechung; aus diesem Grund wurde die Bezeichnung "wash" beibehalten. Der Unterschied zwischen beiden Techniken bzw. ihre Definition ist stets Gegenstand längerer Diskussion gewesen. In diesem Bericht wird unter Überzug eine deutlich wahrnehmbare, sekundär aufgebrachte Schicht aus sehr fein geschlämmtem Ton ("Schlicker") verstanden, während "wash" eher mit einer großflächigen Bemalung vergleichbar ist.
Die Angaben der Gefäßdurchmesser[10] beziehen sich jeweils auf die Länge der Strecke zwischen den Berührungspunkten der horizontalen Verbindungslinien mit der Gefäßwandung.

2. DIE KERAMIK DER EINZELNEN ORTSLAGEN

TALL MAQNA (Nr. 3)

In 4,5 ES konnte ein ausgesprochen reichhaltiger Befund von 187 keramischen Fragmenten eingebracht werden. 32 Scherben, überwiegend "gekämmte Ware", belegten die Frühbronzezeit, 48 die Mittelbronzezeit II, wobei ein

---

[7] Kornerup - Wanscher, Taschenlexikon der Farben.

[8] Der Farbbereich "graurot" ist z.B. auf mehreren Tafeln vertreten; vgl. Kornerup - Wanscher, Taschenlexikon der Farben, 170.

[9] So etwa "olivbraun" statt "fahl" (4 D 3), "braunorange" statt "rothaarig" (6 C 4), "hellbraun" statt "sonn(en)gebräunt" (6 D 5) usw.

[10] Mdm = Mündungsdurchmesser, Bdm = Bodendurchmesser.

deutlicher Schwerpunkt in der frühen Periode lag. Da sich die mittelbronzezeitliche Keramik nicht wesentlich von der der Ortslagen *Tall al-ᶜAin* und *Tall al-ᶜUyūn* unterscheidet, konnte hier auf eine breitere Darstellung verzichtet werden. In der Spätbronzezeit verteilten sich die Funde mit 17 älteren und 11 jüngeren Scherben etwas ausgewogener, während für die Eisenzeit die ältere Periode mit 9 gegenüber 3 Funden sichtlich besser nachgewiesen werden konnte. 67 jüngere Scherben ergänzten den Befund bezüglich der hellenistischen bis arabischen Epochen.

Ch/FB, FB II/III, MB II B und SB I (Abb. 2)

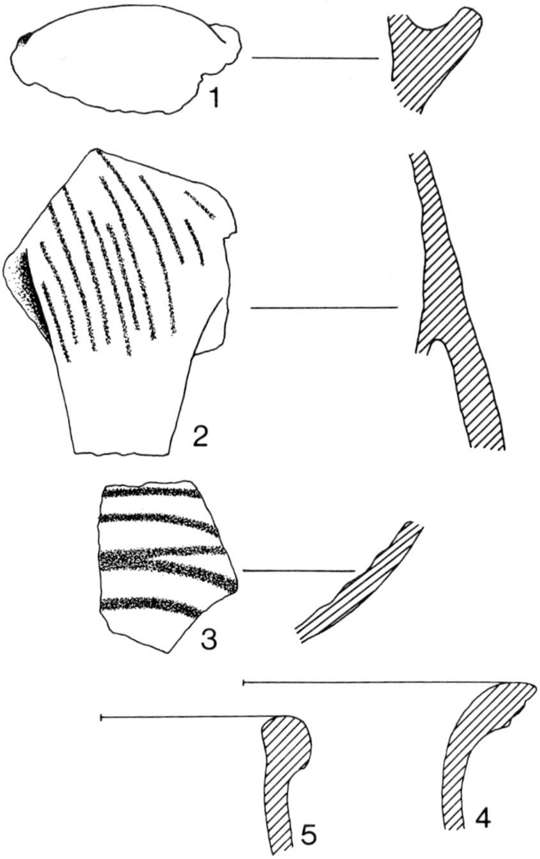

Abbildung 2

1. Einfacher "ledge handle", hart gebrannt, Magerung 2/1 an kristallin. Oberflächen braunorange (7 C 3), Kern braungrau (7 D 2). Ch/FB.
2. Flachhenkel, sehr hart gebrannt, Magerung 1/1 an. Oberflächen braunorange (6 C 4), Kern blaugrau (23 C 3). Unregelmäßige, oberflächliche Kämmung. FB II/III.
3. Wandungsstück unbekannter Herkunft, hart gebrannte Scheibenware mit deutlichen Drehspuren auf der Innenseite, Magerung sehr feinsandig 3/1 an. Außen und im Kern braunorange (7 C 4), innen graubraun (6 D 3). Auf der Außenseite in Streifen zum Teil konzentrisch, zum Teil spiralig geglättet. MB II B.
4. Krugrand, Mdm 148 mm, mäßig gebrannte Scheibenware, Magerung 2/1 an/or. Oberflächen blaßorange (5 A 3), im Kern ein mittelgraues Band (1 E 1), das etwa 1 mm vor den Wandungen in die Oberflächenfarbe umschlägt. SB I.
5. Krugrand, Mdm 98 mm, sehr hart gebrannte Scheibenware, Magerung sehr feinsandig 1/1 an. Oberflächen und Kern gelbweiß (4 A 2). SB I.

E I und II (Abb. 3)

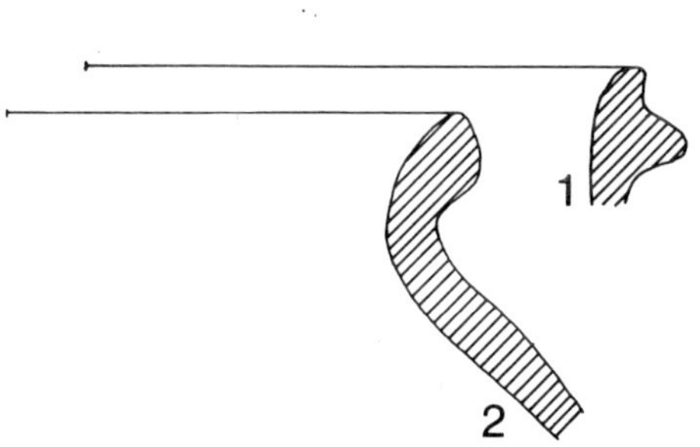

Abbildung 3

1. Kochtopfrand, Mdm 194 mm, hart gebrannte Scheibenware, Magerung 2/2 an kristallin mit einigen größeren Teilchen. Oberflächen braunorange (7 C 4), im Kern nougatfarbig (5 D 3). E I.
2. Topfrand, Mdm 162 mm, sehr hart gebrannte Scheibenware, Magerung sehr gut geschlämmt 1/1 an. Außen grauorange (5 B 3), innen staubgrau (5 D 2). Im Kern von der Farbe der Innenseite zur Farbe der Außenseite übergehend. E II.

TALL AL-ᶜAIN (Nr. 8)

Nach *Tall al-ᶜUyūn* erbrachte *Tall al-ᶜAin* während einer 15 ES dauernden Untersuchung das zahlenmäßig zweithöchste Ergebnis von 191 Scherben. Die Frühbronzezeit II/III war durch 14 Belege der "gekämmten Ware" hinreichend ausgewiesen, 62 Scherben dokumentierten die Mittelbronzezeit II (36: II A, 19: II B, während 7 nicht näher zu klassifizieren waren). In der Spätbronzezeit lag das Schwergewicht mit 51 Objekten in der frühen Epoche (27: SB II, 6 nicht näher zu datieren). Entsprechende Verhältnisse lagen für die Eisenzeit vor: 24 Scherben konnten der E I - Zeit zugeordnet werden, jedoch nur 3 der E II - Zeit. 1 römische, 1 byzantinische und 2 arabische Scherben verdeutlichten die siedlungsgeschichtliche Situation in den späteren Epochen, deren Niederschlag wohl auch die Wanderung der Siedlung an ihren heutigen Platz (*Šaᶜat*) ist.

MB II und MB II A (Abb. 4)

1. Krugrand, Mdm 128 mm, hart gebrannte Scheibenware, Magerung 1/2 an. Oberflächen hellorange (6 A 5). MB II.
2. Fragment eines Ringbodens, Bdm 54 mm, hart gebrannte Scheibenware, Magerung 3/2 an. Oberflächen hellorange (6 A 5), Kern braunorange (6 C 4). MB II.
3. Krugrand, Mdm 124 mm, hart gebrannte Scheibenware, Magerung sehr homogen 1/1 an. Oberflächen braungrau (4 E 2). MB II.
4. Fragment eines Ringbodens, Bdm 48 mm, sehr hart gebrannte Scheibenware, Magerung sehr feinsandig 1/1 an. Oberflächen melonenorange (5 A 6). MB II.
5. Topfrand, Mdm 224 mm, hart gebrannte Scheibenware, Magerung 3/2 kristallin an/or. Oberflächen grauorange (5 B 4), Kern mittelgrau (5 E 1), zur Außenwandung in Grauorange (6 B 6) übergehend. MB II A.
6. Schalenrand, Mdm 192 mm, hart gebrannte Scheibenware, Magerung 1/1 or. Außenseite braunorange (5 C 3), in unregelmäßigen Kreisen geglättet, Innenseite und Kern staubgrau (5 D 2). MB II A.
7. Schalenrand, Mdm 270 mm, sehr hart gebrannte Scheibenware, Magerung 1/1 an. Oberfläche grauorange (5 B 3), im Kern ein rotorange Band (7 A 6), das zu den Wandungen hin in Braunorange übergeht (5 C 3). MB II A.

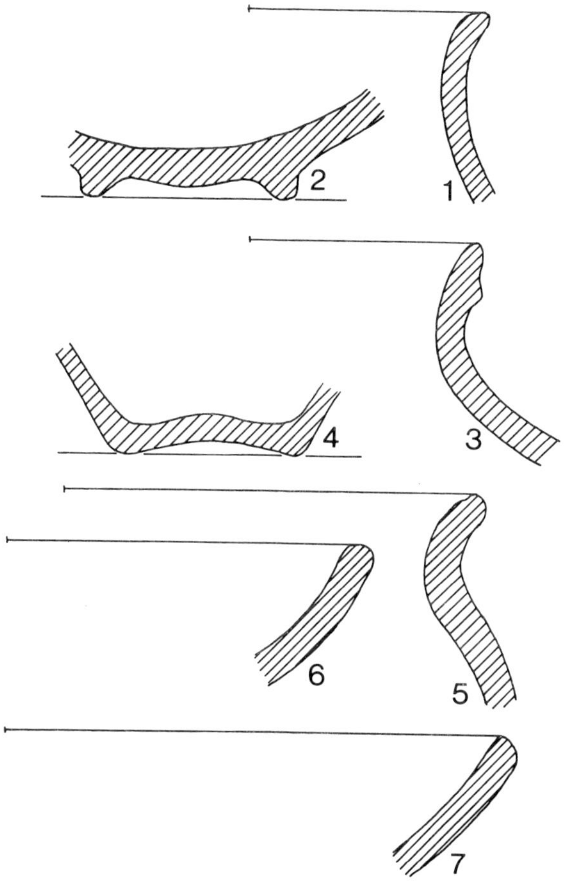

Abbildung 4

MB II B (Abb. 5)

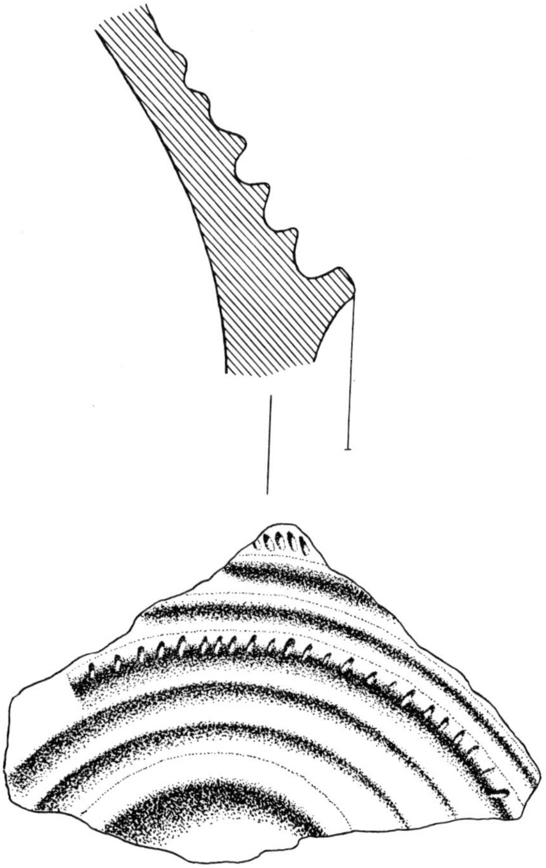

Abbildung 5

Gefäßboden (?), Bdm 84 mm, sehr hart gebrannte Scheibenware, Magerung 2/1 an/or. Oberflächen rotorange (7 A 6), Kern dunkelgrau (7 F 1) bis etwa 2 mm an die Oberflächen heran. Auf der Unterseite befinden sich 5 konzentrische Wülste, deren mittlerer mit Kerbschnitten verziert ist. Jenseits des obersten Wulstes wurden Seilabdrücke angebracht. MB II B.

Bei dem vorliegenden Fragment ist der Verwendungszweck ungeklärt, es kann sich um einen Boden oder aber auch um einen Deckel handeln. Für Machart und Verzierung findet sich eine Parallele in *Alalaḫ*. Dort handelt es sich um einen Ständer mit aufgesetzten Figurinen. Die Ausformung der auch dort auftretenden Wülste und ihre Verzierung durch Kerbschnitte sind dem Fund aus *Tall al-ʿAin* sehr ähnlich. Bei dem Ständer aus *Alalaḫ* deuten die genannten Figurinen ("naked goddess") und der Fundort auf dem Fußboden des Tempels der Schicht VII auf kultische Verwendung hin. Der Ausgräber datierte diese Schicht zwischen 1780 und 1750 v.Chr.[11]. Da *Alalaḫ* VII jedoch höchstwahrscheinlich von Ḫattušiliš I. zerstört worden ist, muß man wohl auf Grund der neueren Chronologie das Ende dieser Stadtanlage um reichlich 100 Jahre herabsetzen[12].

---

[11] Woolley, Alalakh, 405f mit Pl. LVIII a, b: AT/47/128. Zur Datierung der Schicht VII s.S. 399.

[12] So O.R. Gurney: "c. 1650 - 1630 B.C." (CAH II,1, 241) und M.J. Mellink: "MB III and first part of MB IV" (COWA, 119; s. auch 123). Sie basieren erstens auf einer 1957 in *Boğazköy* gefundenen akkadisch-hethitischen Bilingue, in welcher Ḫattušiliš I. berichtet, er sei im nächsten Jahre (2. Regierungsjahr?) gegen *Alḫalḫa* marschiert und habe es zerstört (H. Otten, MDOG 91, 1958, 78, Z.6 mit Anm. 14) und zweitens auf der bald darauf erfolgten Revision der relativen Chronologie Alt-anatoliens (F. Fischer, Die hethitische Keramik von Boğazköy, WVDOG 75, 1963). Für eine etwas spätere Datierung des oben beschriebenen Fundstücks spricht schließlich ein Krugfragment von ähnlicher Herstellungstechnik und Oberflächendekoration aus einer spätbronzezeitlichen Schicht von **Maskana** (J. Margueron, Quatre campagnes de fouilles à Emar, 1972-1974: un bilan provisoire, Syria 52, 1975, 70f mit Pl. VII, 4).

MB II B und SB I (Abb. 6)

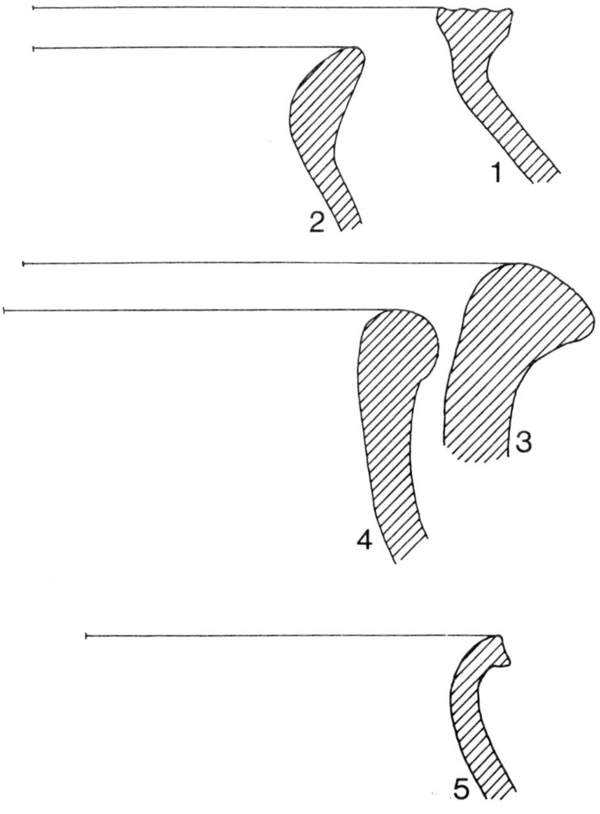

Abbildung 6

1. Kochtopfrand, Mdm 222 mm, hart gebrannte Scheibenware, Magerung 1/1 an. Oberflächen braungrau (6 E 2). MB II B.
2. Topfrand, Mdm 176 mm, Magerung 2/2 an kristallin. Oberflächen grau-orange (6 B 4). MB II B.
3. Pithosrand, Mdm 272 mm, mäßig gebrannte Scheibenware, Magerung 1/1 an/or. Braunorange "wash" (6 C 3) auf Rand und Außenseite, Innenseite grauorange (6 B 4). Im Kern mittelgrau (6 E 1) bis etwa 3 mm an die Wandungen heran. SB I.

4. Rand eines Vorratsgefäßes, Mdm 214 mm, mäßig gebrannte Scheibenware, Magerung 1/1 an. Braunorange "wash" (5 C 3) auf Rand und Außenseite, Innenseite und Kern lachsrot (6 A 4). SB I.
5. Kochtopfrand, Mdm 226 mm, mäßig gebrannte Scheibenware, Magerung 2/2 an kristallin. Oberflächen graurot (7 B 5), Kern hellbraun (6 D 5). SB I.

SB I, SB II und E I (Abb. 7)

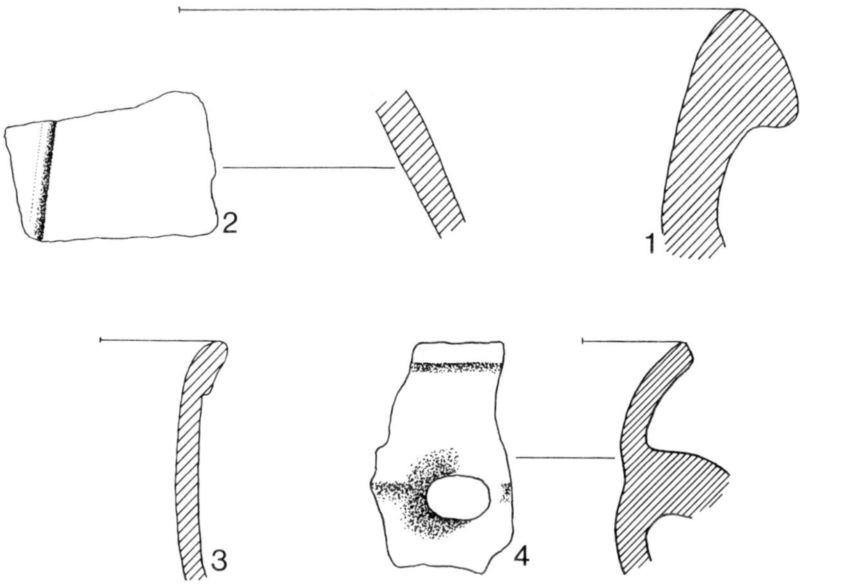

Abbildung 7

1. Pithosrand, Mdm 308 mm, mäßig gebrannte Scheibenware, Magerung 2/1 an/or. Graubrauner "wash" (7 D 3) auf Außenseite und Rand, Innenseite orange (6 A 7). Im Kern grauorange (6 B 4). SB I.
2. Wandungsstück unbekannter Herkunft, sehr hart gebrannte Scheibenware, Magerung 1/1 an kristallin. Graubrauner "wash" (7 D 3) auf der Außenseite, Innenseite rotorange (7 A 6). Kern braungrau (7 E 2). Auf der Außenseite befindet sich eine Rille von 4 mm Breite, 2 mm Tiefe und unbestimmbarer Länge. SB II.
3. Kannenrand, Mdm 66 mm, sehr hart gebrannte Scheibenware, Magerung 1/1 an. Oberflächen melonenorange (5 A 6). SB II.
4. Halsfragment einer Pilgerflasche, Mdm 56 mm, hart gebrannte Scheibenware, Magerung 1/1 an. Oberflächen hellorange (6 A 5), Kern mittelgrau (6 E 1), zur Außenwandung in die Oberflächenfarbe übergehend. E I.

ḪIRBAT AL-MURĒMĪR (Nr. 9)

Die drei ES währende Untersuchung der Ortslage erbrachte 121 Objekte, von denen allerdings 116 byzantinischer und arabischer Herkunft waren. Eine Scherbe erwies sich als hellenistisch, von den verbleibenden 4 gehörten 2 der Mittelbronzezeit II A bzw. II B an, während die anderen beiden nicht näher datiert werden konnten.

MB II und MB II A (Abb. 8)

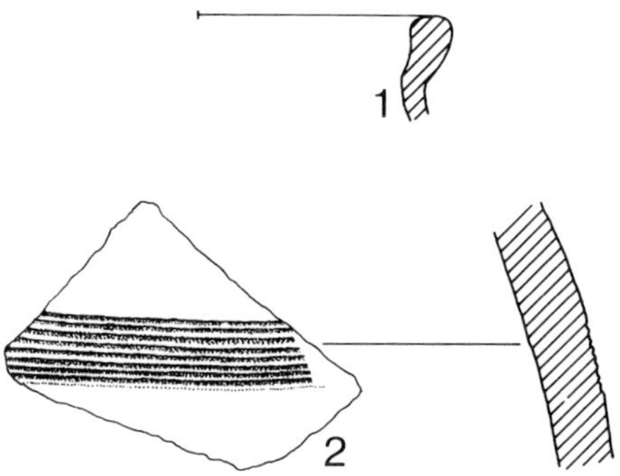

Abbildung 8

1. Krugrand, Mdm 92 mm, hart gebrannte Scheibenware, Magerung 1/1 an. Oberflächen braunorange (6 C 4). MB II.
2. Wandungsstück, sehr hart gebrannte Scheibenware, Magerung 3/1 an. Oberfläche auf der Innenseite olivbraun (4 D 3), auf der Außenseite ein graugelber Überzug (4 B 4). Braunorange Kern (7 C 7) mit einem etwa 3 mm breiten, braungrauen Band (4 E 2) in der Mitte. Auf der Aussenseite wurde die Scherbe durch eine achtzinkige, horizontale Kämmung verziert. MB II A.

TALL AḤLĀ (Nr. 11)

Die Scherbensuche erbrachte in relativ kurzer Zeit (2,5 ES) 53 identifizierbare Scherben. Das Chalkolithikum war einmal, die Frühbronzezeit II/III zweimal ("gekämmte Ware"), die Mittelbronzezeit II schließlich vierzehnmal belegt, wobei sich eine gleichmäßige Verteilung auf beide Unterepochen herausstellte. Die zahlenmäßig größten Funde ergaben sich in der frühen Spätbronzezeit mit 18 Objekten, während die Spätbronzezeit II nur durch 4 Scherben belegt ist. Eisen I- und II-Zeit waren durch 5 bzw. 2 Scherben vertreten. Die byzantinische und die spätere Zeit wiesen 7 Scherben auf.

MB II A, MB II B und SB I (Abb. 9)

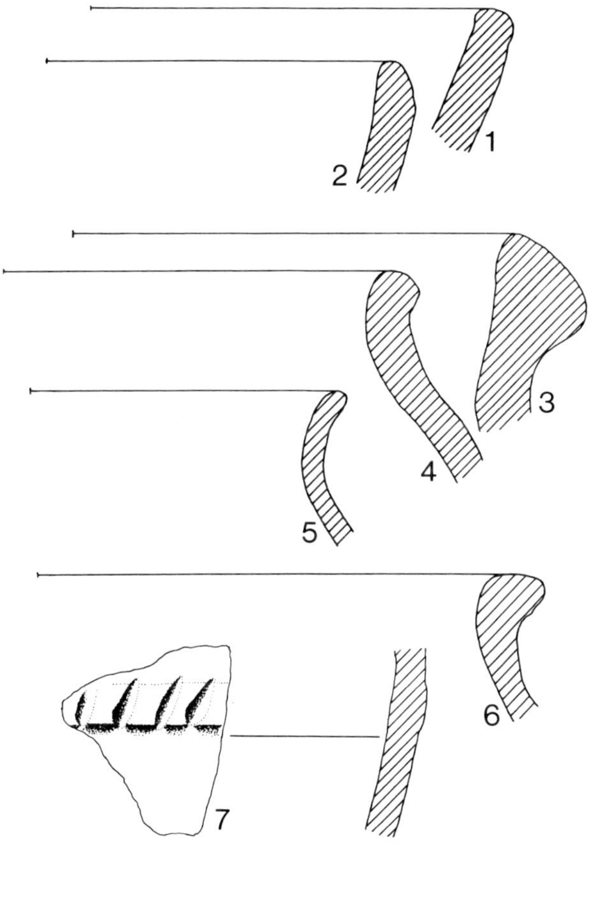

Abbildung 9

1. Schalenrand, Mdm 256 mm, hart gebrannte Scheibenware, Magerung 1/1 an/or. Oberflächen grauorange (6 B 6). MB II A.

2. Schalenrand, Mdm 228 mm, hart gebrannte Scheibenware, Magerung 1/2 an. Oberflächen braunorange (6 C 6), im Kern grauorange (5 B 4) bis dicht an die Wandungen heran. MB II B.
3. Pithosrand, Mdm 158 mm, hart gebrannte Scheibenware, Magerung 1/1 an/or. Hellbrauner Überzug (6 D 4) auf Außen- und Innenseite; im Kern ein 6 mm breiter grauer Streifen (6 E 1), der zu den Wandungen hin in Grauorange (5 B 4) übergeht. SB I.
4. Rand eines Vorratsgefäßes, Mdm 228 mm, mäßig gebrannte Scheibenware, Magerung 2/2 kristallin an/or. Oberflächen rotorange (7 B 7). Im Kern braunorange (5 D 5), zu den Wandungen hin in die Oberflächenfarbe übergehend. SB I.
5. Schüsselrand, Mdm 208 mm, sehr hart gebrannte Scheibenware, Magerung 2/2 an. Oberflächen grauorange (5 B 4). SB I.
6. Rand eines Vorratsgefäßes, Mdm 274 mm, hart gebrannte Scheibenware, Magerung 1/2 an. Oberflächen grauorange (6 B 6). SB I.
7. Wandungsstück, mäßig gebrannte Scheibenware, Magerung 1/1 or. Oberflächen grauorange (6 B 5). In einer aufgesetzten Leiste sind 4 schräg verlaufende Kerbschnitte angebracht. SB I.

SB II, E I und II (Abb. 10)

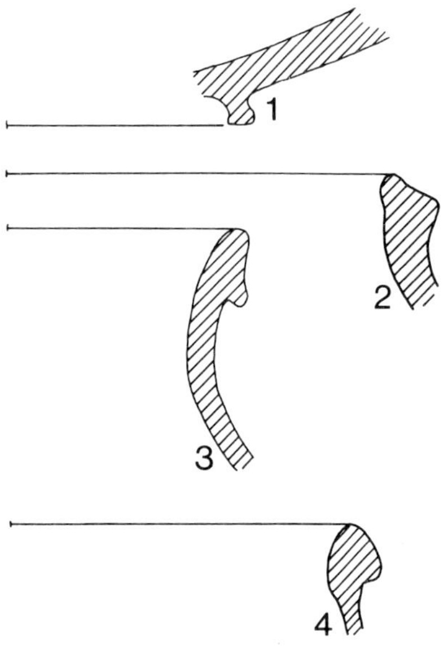

Abbildung 10

1. Ringboden, Bdm 146 mm, sehr hart gebrannte Scheibenware, Magerung feinsandig 3/1 an. Oberflächen graurot (7 B 6), Kern braunorange (5 C 3). SB II.
2. Kochtopfrand, Mdm 226 mm, hart gebrannte Scheibenware, Magerung 3/2 an. Oberfläche außen braunorange (7 C 6), innen braungrau (7 D 2). Die Kernfarbe entspricht der der Außenseite. SB II.
3. Krugrand, Mdm 128 mm, sehr hart gebrannte Scheibenware, Magerung 3/1 an. Oberflächen grauorange (5 B 4), Kern grau (5 E 1) bis dicht an die Wandungen heran. E I.
4. Kochtopfrand, Mdm 184 mm, hart gebrannte Scheibenware, Magerung 3/1 an mit wenigen größeren Teilchen. Oberflächen braunorange (6 C 4). E II.

TALL AN-NABAʿ (Nr. 12)

Die 6 ES währende Scherbensuche erbrachte einen vergleichsweise umfangreichen Befund von 169 datierbaren Objekten, darunter ein chalkolithisches Fragment, 55 Gefäßteile, die als "gekämmte Ware" der Frühbronzezeit II/III zugerechnet werden konnten, sowie 32 bzw. 6 Scherben, die sich auf Mittelbronzezeit II A und B verteilten, während 4 in der Mittelbronzezeit II nicht differenzierter bestimmt werden konnten. Die frühe Spätbronzezeit war durch 30, die jüngere durch 7 Exemplare belegt, während in der folgenden Epoche nur Eisen I durch 5 Scherben nachgewiesen werden konnte. 2 römische, 20 byzantinische und 3 arabische Scherben rundeten den Befund ab.

MB II und MB II A (Abb. 11)

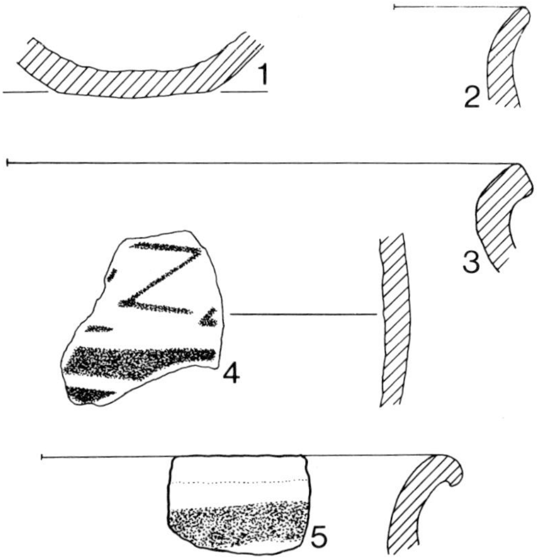

Abbildung 11

1. Flacher Boden, Bdm 40 mm, hart gebrannte Scheibenware, Magerung 1/1 an. Innenseite und Kern rotorange (7 B 6), auf der Außenseite ein rotbrauner Überzug (8 D 8). MB II.
2. Krugrand, Mdm 66 mm, hart gebrannte Scheibenware, Magerung 1/1 an. Oberflächen hellorange (6 A 5), im Kern bis etwa 1 mm an die Wandungen heran hellgrau (6 B 1). MB II A.
3. Topfrand, Mdm 264 mm, hart gebrannte Scheibenware, Magerung 1/1 an. Rotorange Überzug (7 B 7) auf Innen- und Außenseite. MB II A.
4. Wandungsfragment, sehr hart gebrannte Scheibenware (?), Magerung 2/1 an. Oberflächen rotorange (7 B 6), Kern orange (5 A 6). Auf der Aussenseite findet sich eine kupferrote Glättung (7 C 8) in Z-Form und in zwei parallelen Bändern, von denen das unversehrte eine Breite von etwa 7 mm hat. MB II A.
5. Schalenrand, Mdm 206 mm, hart gebrannte Scheibenware, Magerung 1/1 or. Innenseite hellorange (5 A 5), auf Außenseite und Rand mit einem

hellbraunen Überzug (6 D 7) versehen. In der Halskehle findet sich eine dichte, graurote Glättung (7 B 5). MB II A.

MB II B (Abb. 12)

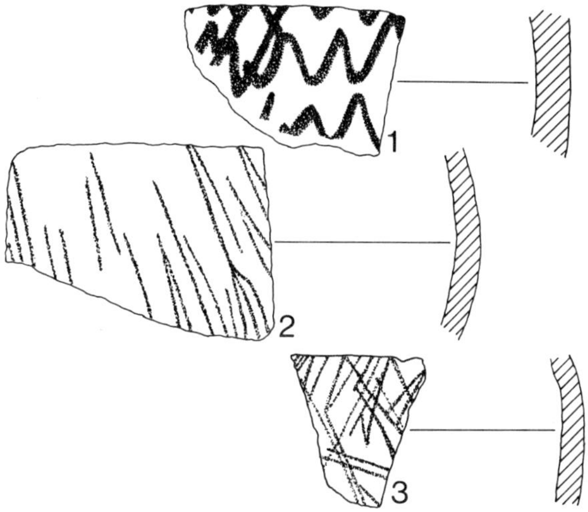

Abbildung 12

1. Wandungsstück, sehr hart gebrannte Scheibenware, Magerung 3/1 kristallin an/or. Innenseite grauorange (6 B 3), auf der Außenseite ein pastellroter Überzug (7 A 4). Im Kern ein etwa 4 mm breites, mittelgraues Band (7 D 1). Auf der Außenseite in etwa 3 mm breiten Schlangenlinien geglättet. MB II B.
2. Wandungsstück, sehr hart gebrannte Scheibenware, Magerung sehr feinsandig 4/1 an. Oberflächen braunorange (7 C 6), Kern grauorange (6 B 3). Streifige, weitstehende Glättung auf der Außenseite. MB II B.
3. Wandungsstück, hart gebrannte Scheibenware, Magerung 2/1 an. Oberflächen grauorange (6 B 4), Kern bis etwa 1 mm an die Wandungen heran mittelgrau (6 D 1). Auf der Außenseite sich kreuzende, weitstehende, 1 mm breite Glättungsstreifen. MB II B.

SB I und II (Abb. 13)

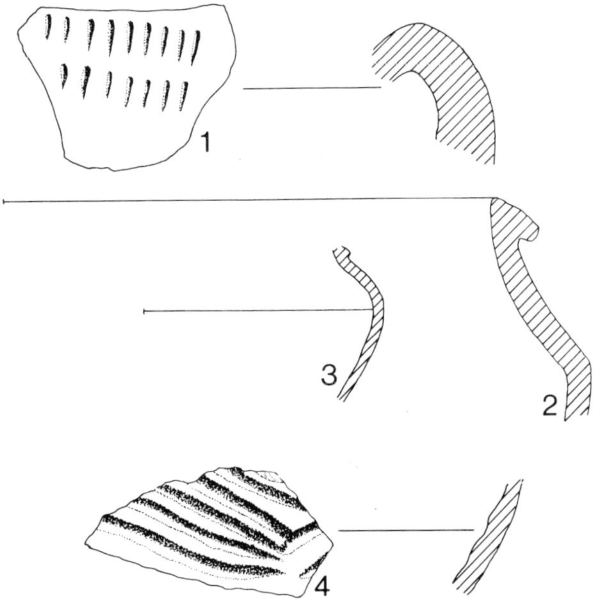

Abbildung 13

1. Henkelfragment, hart gebrannt, Magerung 3/2 kristallin an. Oberflächen braunrot (8 C 6), Kern dunkelbraungrau (8 F 2). Auf dem oberen Henkelteil sind 16 senkrecht verlaufende Keilritzungen (Fingernagel ?) in zwei übereinanderliegenden Reihen angebracht worden. SB I.
2. Kochtopfrand, Mdm 268 mm, mäßig gebrannte Scheibenware, Magerung 3/2 kristallin an/or. Oberflächen braunorange (7 C 5), Kern dunkelgrau (7 F 1). SB II.
3. Schalenfragment, größter Dm 132 mm, sehr hart gebrannte Scheibenware, Magerung sehr feinsandig 4/1 an. Oberflächen grauorange (6 B 4). Auf der Außenseite Spuren unregelmäßiger Glättung. SB II.
4. Wandungsstück, sehr hart gebrannte Scheibenware, Magerung feinsandig 1/1 an. Oberflächen rotorange (7 A 6), zum Teil bis in braungrau (8 E 2) verfärbt, Kern grauorange (5 B 3). Auf der Außenseite durch 6 nebeneinander verlaufende Kerbschnitte von etwa 5 mm Breite und 2 mm Tiefe verziert, auf die in stumpfem Winkel 2 vergleichbare Schnitte zulaufen. SB II.

TALL MAṮHANA (Nr. 13)

Das Ergebnis der kurzen Scherbensuche (4,5 ES) waren 103 aussagefähige Objekte, von denen hier jedoch nur ein Teil dargestellt wird, weil der Befund besonders in der Spätbronzezeit mit dem von *Tall an-Naba*ʿ typologisch durchaus übereinstimmt. Die beiden Orte unterscheiden sich jedoch in zwei Punkten: einerseits fand sich auf *Tall Maṯhana* kein Beleg für das Chalkolithikum, was möglicherweise aber darauf zurückzuführen ist, daß die entsprechenden Schichten von der Erosion verschont blieben; andererseits zeigt sich ein dünnerer Scherbenbelag der späteren Epochen auf *Tall Maṯhana*. Statistische Untersuchungen insgesamt jedoch zeigten, daß die Entwicklung der beiden Siedlungsstätten langfristig gesehen parallel verläuft, was sicherlich in der geringen Entfernung der Siedlungshügel voneinander begründet ist. Genauere Aussagen waren wegen der für statistische Zwecke doch vergleichsweise niedrigen Zahl von Funden nicht möglich. Ein stratigrafischer Vergleich ließe jedoch die Hoffnung zu, die bisher gemachten Beobachtungen auch in zeitlichen Einzelentwicklungen noch exakter fassen zu können.
Analog zu *Tall an-Naba*ʿ gehörte auch hier die Frühbronzezeit II/III zu den am stärksten vertretenen Epochen; auf die Darstellung der 60 Scherben der "gekämmten Ware" konnte aber verzichtet werden. 10 Fragmente repräsentierten die Mittelbronzezeit II A, 5 II B. Spätbronzezeit I und II waren durch 12 bzw. 4 Objekte belegt. Von 3 Scherben der Eisenzeit konnte eine nicht näher bestimmt werden, die beiden anderen vertraten die Eisenzeit I wie auch II. Die folgenden Epochen einschließlich der arabischen Zeit waren durch 7 Fragmente vertreten.

MB II A, E und E I (Abb. 14)

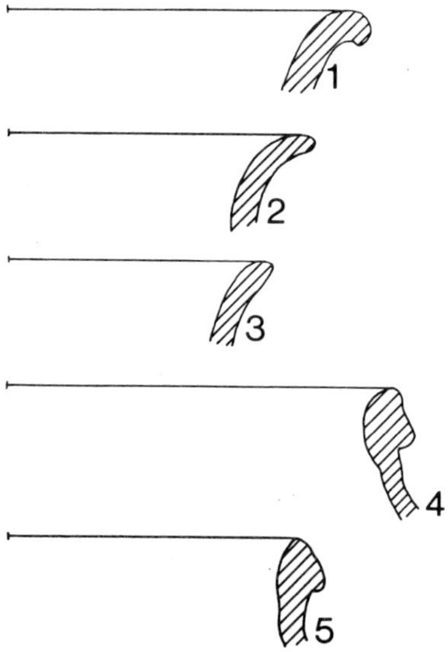

Abbildung 14

1. Schalenrand, Mdm 156 mm, mäßig gebrannte Scheibenware, Magerung 4/1 an. Oberflächen orange (6 A 6), Kern grau (6 D 1). MB II A.
2. Schalenrand, Mdm 134 mm, hart gebrannte Scheibenware, Magerung 1/1 an. Auf Innen- und Außenseite rotbrauner Überzug (8 E 4). Im Kern bis dicht an die Wandungen heran grau (8 E 1). MB II A.
3. Schalenrand, Mdm 116 mm, hart gebrannte Scheibenware, Magerung 3/1 an mit einigen größeren Teilchen. Oberflächen orange (6 A 6), auf der Außenseite Reste eines polierten, braunen Überzugs (6 D 6). Kern graubraun (6 E 3) bis an die Wandungen heran. MB II A.
4. Kochtopfrand, Mdm 176 mm, hart gebrannte Scheibenware, Magerung 2/1 an mit wenigen größeren Teilchen. Oberflächen rotbraun (8 D 6). E.
5. Kochtopfrand, Mdm 132 mm, hart gebrannte Scheibenware, Magerung 3/2 an. Oberflächen rotorange (7 B 7), Kern bis dicht an die Wandungen heran graubraun (7 E 3). E I.

TALL AL-ḤIṢN Süd *(Nr. 14)*

In 5,25 ES wurden insgesamt 145 Scherben gefunden, von denen aber nur 8 älteren Epochen zuzuordnen waren: 1 Scherbe der Mittelbronzezeit II A, 5 der Spätbronzezeit (1 spätbronzezeitliche Scherbe konnte nicht näher bestimmt werden) sowie 1 der Eisen II-Zeit. Die römisch-byzantinische Epoche hingegen war durch 117, die arabische Zeit durch 20 Scherben belegt.

MB II A, SB II und E II (Abb. 15)

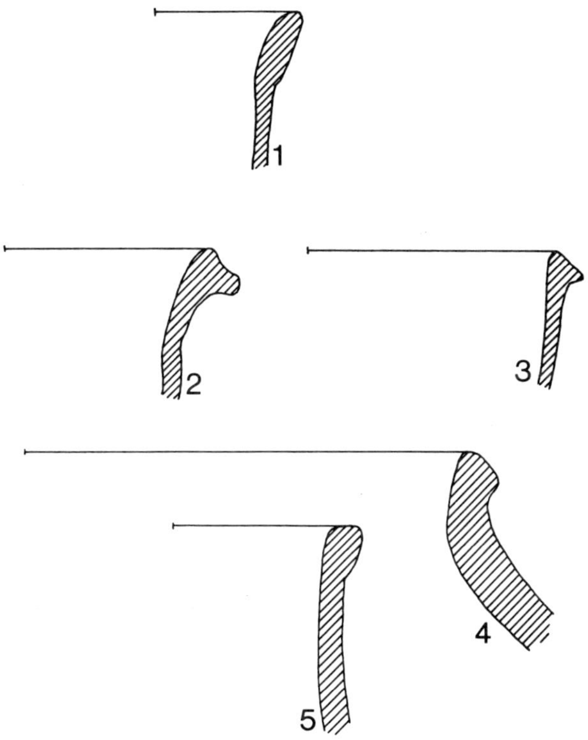

Abbildung 15

1. Krugrand, Mdm 76 mm, sehr hart gebrannte Scheibenware, Magerung 3/1 an/or. Oberflächen und Kern blaßorange (5 A 3). MB II A.
2. Krugrand, Mdm 112 mm, sehr hart gebrannte Scheibenware, Magerung feinsandig 4/1 an. Oberflächen orangeweiß (5 A 2), Kern olivbraun (5 D 3). SB II.
3. Schalenrand, Mdm 134 mm, sehr hart gebrannte Scheibenware, Magerung 3/1 an. Außen mittelgrau (5 E 1), innen metallgrau (5 E 2). SB II.

4. Topfrand, Mdm 240 mm, hart gebrannte Scheibenware, Magerung 4/2 an kristallin mit wenigen größeren Teilchen. Oberflächen blaßorange (5 A 3), im Kern graubraun (5 E 3). SB II.
5. Krugrand, Mdm 94 mm, sehr hart gebrannte Scheibenware, Magerung 2/1 an. Außen grauorange (5 B 3), innen orangeweiß (5 A 2). Im Kern nougatfarbig (5 D 3). E II.

TALL AL-ᶜUYŪN (Nr. 15)

In den einführenden Bemerkungen wurde bereits auf die Bedeutung von *Tall al-ᶜUyūn* für die Aufarbeitung des keramischen Materials des Survey hingewiesen. Die außerordentlich umfangreiche Scherbenmenge wurde im Zuge der Bearbeitung nach der chronologischen Bestimmung typologisch sortiert. Auf diese Weise ergaben sich Entwicklungsreihen, die einen raschen Vergleich mit der Keramik der anderen Ortslagen zuließen, so etwa bei den Kochtopfrändern. Im Verlauf dieses Arbeitsschrittes wurde die Entscheidung darüber getroffen, was sowohl in Bezug auf *Tall al-ᶜUyūn* wie auch auf die verglichenen Ortslagen zu zeichnen und damit zu publizieren war. Wenn hierbei Doppelungen aufgetreten sind, so deshalb, weil keine der alten Siedlungsstätten ohne eine Darstellung überhaupt bleiben sollte[13]. Andererseits kann ausgeschlossen werden, daß bei den übrigen Ortslagen Scherben, für die keine Analogien innerhalb der Keramik von *Tall al-ᶜUyūn* zu finden waren, unveröffentlicht blieben. Daß dieser Versuch der möglichst weitreichenden, gegenseitigen Ergänzung neben dem Zeichnen der Scherben der zeitlich langwierigste Vorgang war, sei nur am Rande vermerkt. Es scheint mir jedoch durch dieses Verfahren sichergestellt zu sein, daß der typologisch weitgehend geschlossene Raum der nördlichen *Biqāᶜ* angemessen dargestellt ist.

Die Untersuchung von *Tall al-ᶜUyūn* erforderte 17,25 ES, dabei wurden 344 datierbare Scherben eingebracht. Für das Neolithikum ergaben sich 2, für das Chalkolithikum 30 Belege. Unter den 53 Scherben der Frühbronzezeit fanden sich zahlreiche Exemplare der "gekämmten Ware" (FB II/III). Auf *Tall al-ᶜUyūn* fand sich die einzige Scherbe, die mit Sicherheit der Mittelbronzezeit I zugerechnet werden kann. Für *Tall Maqna*, *Tall an-Nabaᶜ* und *Tall Maṯhana* wurde bei jeweils 1 Scherbe zwar ebenfalls die Datierung in die Mittelbronze I-Zeit erwogen, schließlich aber doch verworfen, da absolute Sicherheit nicht zu erzielen war. Geht man davon aus, daß dieser

---

[13] Ausgenommen der "Tumulus" 1939:2419 (Nr. 7) und die Höhe 1987:2383 (Nr. 2) westlich von *Yūnīn*.

Befund kein Zufall sein kann[14], so ergibt sich für die nördliche *Biqāᶜ* in der Mittelbronzezeit I eine Besiedlungslücke, deren Ursachen derzeit noch offen sind. Dieser Umstand steht in starkem Kontrast zu der Tatsache, daß sich Frühbronzezeit II/III wie auch Mittelbronzezeit II A als durchaus prosperierende Epochen in der nördlichen *Biqāᶜ* darstellen. Über die Gründe dieses vorübergehenden Niederganges vermag man im Augenblick ohne detailliertere Untersuchungen nur zu spekulieren.
Die Mittelbronzezeit II A ist durch 41 Scherben hinreichend ausgewiesen, für MB II B fanden sich 21 Belege, 40 Scherben konnten bezüglich dieser beiden Epochen nicht näher datiert werden. Von den 118 Objekten der Spätbronzezeit wurden 72 der älteren, 30 der jüngeren Periode zugewiesen, der Rest war auch hier nicht differenzierter einzuordnen. 18 Scherben der Eisen I-Zeit und 6 der folgenden Perioden schließen den Befund der älteren Epochen ab. Die hellenistische Zeit war durch 1 Scherbe, die byzantinisch-arabische durch 13 belegt.

[14] Es ist unwahrscheinlich, daß auf allen Ortslagen die späten Schichten die der Mittelbronzezeit I fast ganz verdeckt haben sollen, wenn man bedenkt, daß vielerorts durch landwirtschaftliche Maßnahmen, etwa Terrassierungen, die Schichten gestört worden sind.

N und Ch (Abb. 16)

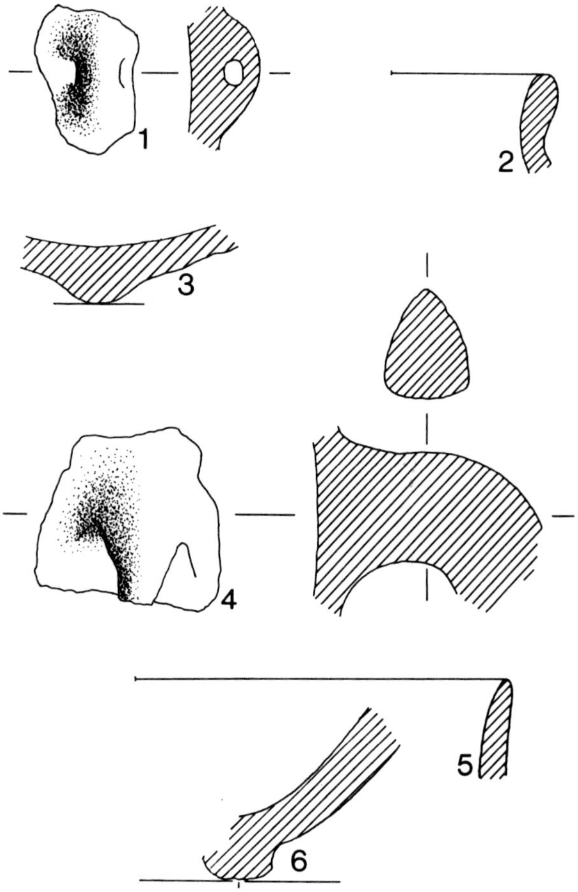

Abbildung 16

1. Ösenhenkel, hart gebrannt, Magerung 3/1-3 an. Oberfläche außen graubraun (5 D 3), auf der Innenseite ein polierter, mittelgrauer Überzug (5 E 1). N.
2. Krugrand, Mdm 86 mm, handgemacht, hart gebrannt, Magerung 3/1-3 an. Auf Innen- und Außenseite ein polierter, braunorange Überzug (7 C 6). Kern grauorange (5 B 4). Auf der oberen äußeren Randung unregelmäßig braun (6 D 6) verfärbt. Ch.

3. Knubbelboden, handgemacht, hart gebrannt, Magerung 2/1 an/or. Oberflächen möhrenrot (6 B 7), am Knubbel Reste eines polierten, tizianroten Überzugs (7 D 6). Im Kern dunkelgrau (6 F 1) bis etwa 1 mm an die Wandungen heran. Ch.
4. Henkelfragment, handgemacht, hart gebrannt, Magerung 2 / überwiegend or. Oberfläche außen grauorange (5 B 5), innen metallgrau (5 E 2). Kern dunkelgrau (5 F 1) bis etwa 1 mm an die Außenseite heran. Ch.
5. Schalenrand (?), Mdm 202 mm, handgemacht, hart gebrannt, Magerung 2/1 an überwiegend kristallin. Polierter, bronzebrauner Überzug (5 E 5) auf Innen- und Außenseite. Kern braunorange (6 C 4).
6. Knopfboden eines Kruges, Bdm etwa 20 mm, handgemacht, hart gebrannt, Magerung 2 / or mit wenigen an Teilchen. Oberflächen braunorange (7 C 6), im Kern ein etwa 4 mm breites, braungraues Band (6 D 2). Auf der Unterseite, 10 mm von der Knopfbasis entfernt, befindet sich ein etwa rechteckiger Eindruck von 23 mm Länge, 3 mm Breite und 2 mm Tiefe. Es handelt sich wahrscheinlich um den Abdruck eines Holzstückchens. Ch.

Ch (Abb. 17)

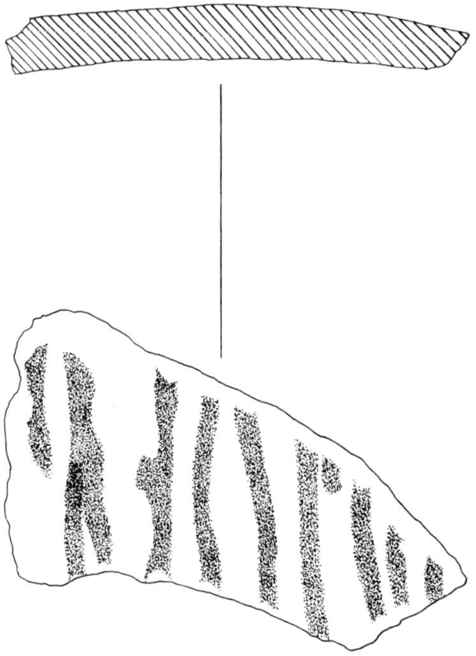

Abbildung 17

Wandungsstück eines Vorratsgefäßes, handgemacht, hart gebrannt, Magerung 4/2 an. Oberflächen braunorange (7 C 4), Kern in der Mitte auf etwa 3 mm Breite nougatfarbig (5 D 3). Auf der Außenseite befindet sich eine Bemalung in unregelmäßigen, grauweißen Streifen (7 B 1) von etwa 6 mm Breite. Ch.

FB I, FB I/II und FB II/III (Abb. 18)

1. Schalenrand, Mdm 208 mm, handgemacht, hart gebrannt, Magerung 2/1 an. Braunorange Überzug (7 C 7) auf Innen- und Außenseite, Kern grauorange (6 B 4). Innen und außen poliert. FB I.
2. Wandungsstück unbekannter Herkunft, sehr hart gebrannte Ware, Magerung sehr feinsandig 4/1 an. Oberflächen orangerot (8 B 6). Auf der unregelmäßig polierten Außenseite parallele, blaugraue Streifen (23 E 3) von etwa 2 mm Breite in zwei Gruppen ("Katzenbart"). FB I.

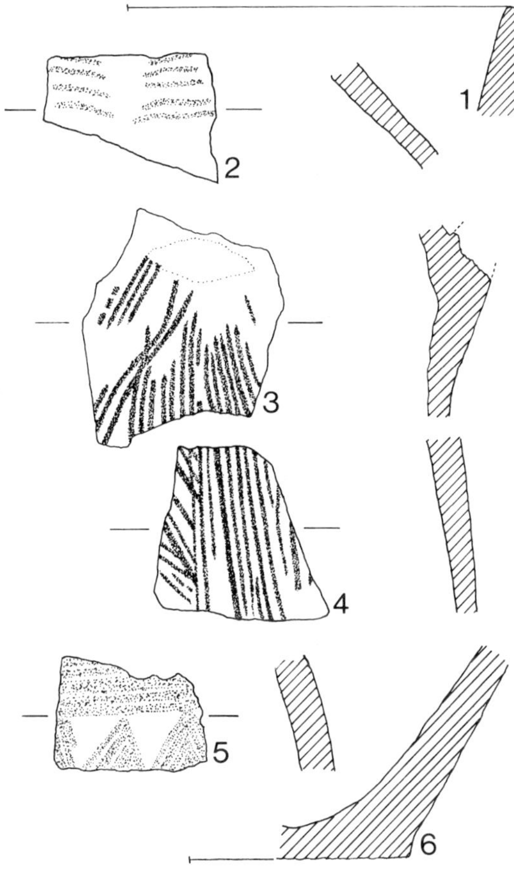

Abbildung 18

3. Wandungsstück mit Flachhenkelansatz, handgemacht, hart gebrannt, Magerung 3/1 an. Oberflächen braunorange (7 C 4), Kern platingrau (7 D 1). Auf der Außenseite geglättet, danach gekämmt ("gekämmte Ware"). Zinkenabstand und -breite etwa 2 mm. FB II/III.

4. Wandungsstück unbekannter Herkunft, handgemacht, hart gebrannt, Magerung 3/1 an. Oberflächen grauorange (6 B 4), Kern braungrau (6 E 2) bis dicht an die Wandungen heran. Unregelmäßige Kämmung ("gekämmte Ware"), Zinkenbreite bis zu 2 mm, Zinkenabstand unregelmäßig. FB II/III.

5. Wandungsstück unbekannter Herkunft, handgemacht, mäßig gebrannt, Magerung sehr fein geschlämmt 1/1 an. Innenseite grauorange (5 B 4), mattroter Überzug (8 B 4) auf der gesamten Außenseite, der an den streifig polierten Bändern und Dreiecken fuchsrot (8 D 7) erscheint. Kern bis etwa 1 mm an die Wandungen heran mittelgrau (8 D 1). FB I/II.
6. Topfboden, Bdm 120 mm, handgemacht, hart gebrannt, Magerung 1/1 an, vereinzelt or Teilchen. Oberflächen graurot (7 B 4), Kern braungrau (7 E 2). Regelmäßige Kämmung ("gekämmte Ware"), Zinkenabstand und -breite etwa 2 mm. FB II/III.

MB I (Abb. 19)

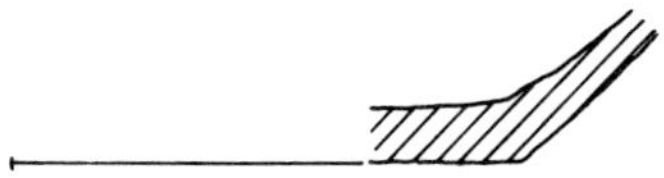

Abbildung 19

Flachboden eines Topfes, Bdm 140 mm, handgemacht, hart gebrannt, Magerung 4/1-3 an, darunter Korngrößen bis zu 3 mm Durchmesser. Oberflächen grauorange (6 B 5). MB I.

MB II (Abb. 20)

1. Rand eines Beckens (?), Mdm 404 mm, sehr hart gebrannte Scheibenware, Magerung 4/1 an. Oberflächen braunorange (6 C 4). Am äußeren Hals ein zweigestufter Rücksprung von jeweils weniger als 1 mm Tiefe. MB II.
2. Rand einer Knickwandschale, Mdm 224 mm, hart gebrannte Scheibenware, Magerung 2/1 an. Oberflächen grauorange (5 B 4). MB II.
3. Krugrand, Mdm 88 mm, hart gebrannte Scheibenware, Magerung 2/2 an. Oberflächen braunorange (5 C 5), im Kern ein etwa 2 mm breites, mittelgraues Band (5 E 1). MB II.
4. Schalenboden, Bdm 100 mm, sehr hart gebrannte Scheibenware, Magerung 1/1 an. Oberflächen braunorange (6 C 4). Die Außenseite weist eine gute Glättung auf. MB II.
5. Topfrand, Mdm 146 mm, hart gebrannte Scheibenware, Magerung 1/1 an mit einigen or Teilchen. Oberflächen grauorange (5 B 5). MB II.
6. Schalenrand, Mdm 124 mm, hart gebrannte Scheibenware, Magerung 2/2 an. Oberfläche innen grauorange (5 B 4), auf Rand und Außenseite ein geglätteter, tizianroter Überzug (7 D 6). MB II.

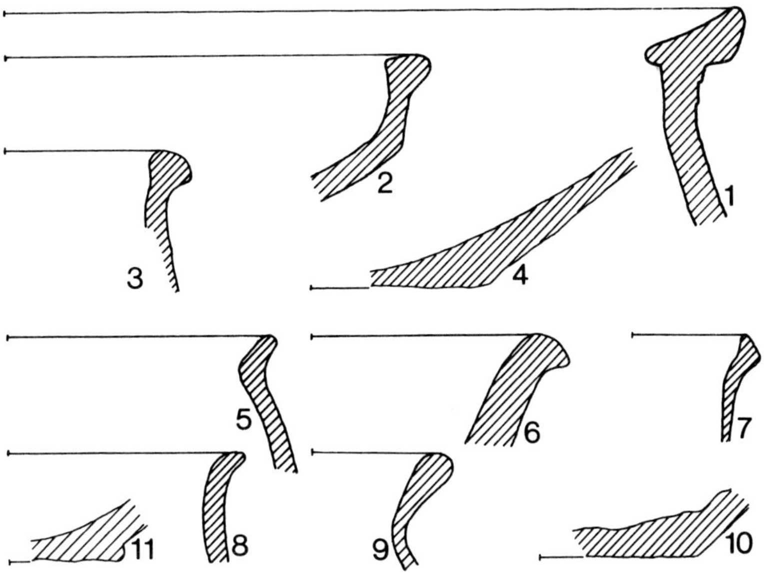

Abbildung 20

7. Krugrand, Mdm 64 mm, sehr hart gebrannte Scheibenware, Magerung 4/1 an, durchgehend sehr feine Teilchen. Oberflächen graugelb (4 B 5). MB II.
8. Schalenrand, Mdm 132 mm, mäßig gebrannte Scheibenware, Magerung 2/2 an. Oberflächen grauorange (5 B 5), im Kern ein 2 mm breites, graurotes Band (7 B 5). MB II.
9. Krugrand mit Henkelansatz, Mdm 70 mm, mäßig gebrannte Scheibenware, Magerung 1/1 an mit wenigen or Teilchen. Oberflächen orange (6 A 6). MB II.
10. Scheibenboden, Bdm 64 mm, hart gebrannte Scheibenware, Magerung 1/1 an. Oberflächen braunorange (6 C 4), Innenseite geglättet. MB II.
11. Flachboden, Bdm 78 mm, sehr hart gebrannte Scheibenware, Magerung feinsandig 4/1 an, vereinzelt größere Teilchen. Oberflächen hellbraun (6 D 4). MB II.

MB II A (Abb. 21)

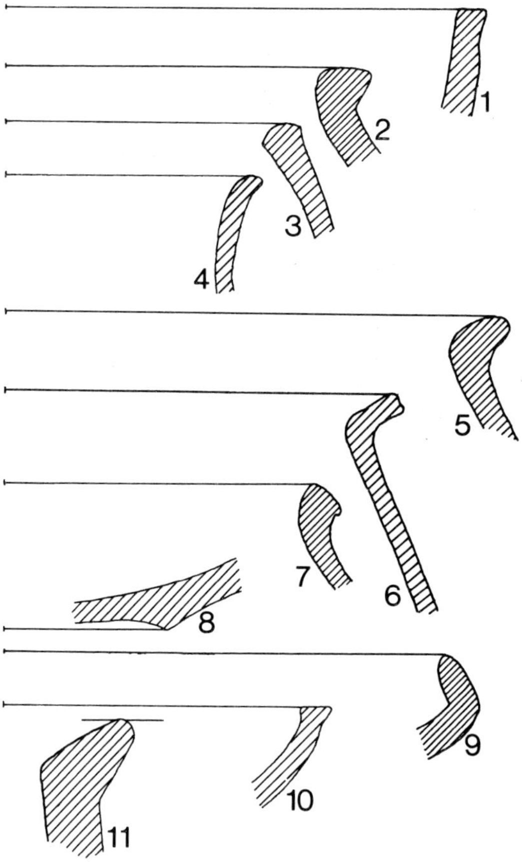

Abbildung 21

Keramischer Befund

1. Schüsselrand, Mdm 248 mm, hart gebrannte Scheibenware, Magerung 3/2 an. Oberfläche innen grauorange (6 B 4), auf der Außenseite braunorange Überzug (6 C 4). MB II A.
2. Topfrand, Mdm 186 mm, hart gebrannte Scheibenware, Magerung 2/1 an mit wenigen größeren Teilchen. Oberflächen grauorange (5 B 4). MB II A.
3. Topfrand, Mdm 182 mm, hart gebrannte Scheibenware, Magerung 2/1 an. Oberfläche innen mittelgrau (5 E 1), hellbrauner "wash" (6 D 4) auf der Außenseite. Im Kern von mittelgrau nahe der Innenseite nach etwa 3 mm in rotorange (7 B 7) übergehend. MB II A.
4. Schalenrand, Mdm 142 mm, hart gebrannte Scheibenware, Magerung 2/2 an, vereinzelt Teilchen bis zu 2 mm Durchmesser. Oberflächen grauorange (5 B 4). MB II A.
5. Topfrand, Mdm 268 mm, hart gebrannte Scheibenware, Magerung 1/1 an. Oberflächen grauorange (5 B 4). MB II A.
6. Kochtopfrand, Mdm 216 mm, hart gebrannte Scheibenware, Magerung 3/1 an, vereinzelt größere Teilchen. Oberflächen gelbbraun (5 D 4), Kern mittelgrau (5 E 1). MB II A.
7. Kochtopfrand, Mdm 174 mm, hart gebrannte Scheibenware, Magerung 2/1 an. Oberflächen rotorange (7 B 7). MB II A.
8. Ringboden, Bdm 92 mm, hart gebrannte Scheibenware, Magerung 2/1 an. Oberfläche innen goldgelb (5 B 7), orangeroter Überzug (8 A 7) auf der Außenseite. Kern farblich wie die Innenseite. MB II A.
9. Rand eines flachen Tellers, Mdm 242 mm, hart gebrannte Scheibenware, Magerung 2/1 an. Konzentrisch geglätteter, brauner "wash" (6 D 5) auf der Innenseite, teilweise konzentrisch geglätteter rotorange "wash" (7 B 6) auf der Außenseite. Kern in der Mitte mittelgrau (6 E 1), zu den Wandungen in Orange (6 A 6) übergehend. MB II A.
1o. Schalenrand, Mdm 164 mm, hart gebrannte Scheibenware, Magerung 2/1 an mit wenigen größeren Teilchen. Oberflächen grauorange (6 B 6), im Kern bis etwa 1 mm an die Wandungen heran nougatfarbig (5 D 3). MB II A.
11. Rand eines Vorratsgefäßes, Mdm nicht zu ermitteln, niedrig gebrannte, auf der "langsamen" Scheibe hergestellte Ware, Magerung 2/1 an/or, wobei der or Anteil überwiegt. Oberflächen hellorange (5 A 4). MB II A.

MB II A (Abb. 22)

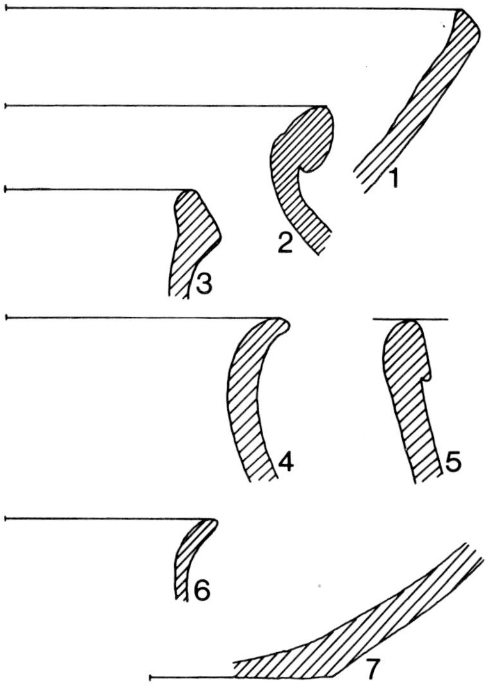

Abbildung 22

1. Schüsselrand, Mdm 250 mm, sehr hart gebrannte Scheibenware, Magerung gut geschlämmt 1/1 an. Oberflächen grauorange (5 B 4), Kern staubgrau (5 D 2). MB II A.
2. Rand eines Vorratsgefäßes, Mdm 180 mm, hart gebrannte Scheibenware, Magerung 3/1 an. Oberflächen rotorange (7 A 6), Reste eines auf Rand und Lippe umlaufenden, tizianroten "wash" (7 D 6). MB II A.
3. Krugrand, Mdm 124 mm, hart gebrannte Scheibenware, Magerung 3/2 an. Oberflächen hellorange (5 A 5). MB II A.
4. Schüsselrand, Mdm 174 mm, mäßig gebrannte Scheibenware, Magerung 3/3 an. Oberflächen grauorange (5 B 4), im Kern von Platingrau (5 D 1) nahe der Innenseite nach etwa 4 mm in Grauorange (5 B 4) übergehend. MB II A.

5. Kannenrand, mäßig gebrannte Scheibenware, Magerung 1/1 an. Oberflächen grauorange (5 B 4). MB II A.
6. Schüsselrand, Mdm 116 mm, hart gebrannte Scheibenware, Magerung 2/2 an, vereinzelt etwas größere Teilchen. Oberfläche innen orange (6 A 6), auf der Außenseite grauorange Überzug (5 B 4) mit teilweise dunkleren Stellen. Kern orange (6 A 6). MB II A.
7. Flachboden eines Topfes, Bdm 102 mm, hart gebrannte Scheibenware, Magerung 3/1 an/or. Oberflächen grauorange (6 B 4), Kern braunorange (5 C 3). MB II A.

MB II A (Abb. 23)

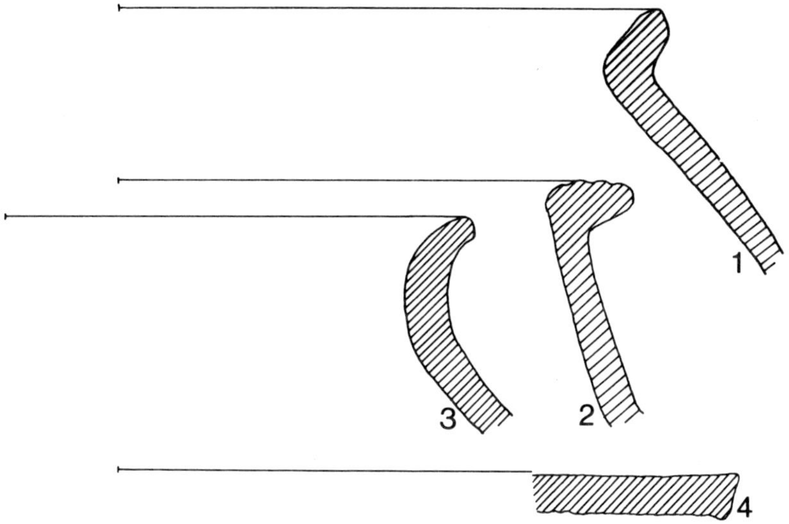

Abbildung 23

1. Rand eines Vorratsgefäßes, Mdm 296 mm, mäßig gebrannte Scheibenware, Magerung 2/2 an kristallin. Oberflächen graurot (8 B 6), im Kern bis dicht an die Wandungen heran braungrau (8 E 2). MB II A.
2. Rand eines Vorratsgefäßes, Mdm 254 mm, hart gebrannte Scheibenware, Magerung 1/1 an, vereinzelt größere Teilchen. Oberflächen mittelgrau (7 E 1). Auf dem Rand 3 konzentrische Linien. MB II A.
3. Topfrand, Mdm 252 mm, hart gebrannte Scheibenware, Magerung 3/1 an kristallin. Oberflächen grauorange (5 B 5). Auf der Gefäßschulter finden sich Fingernagelritzungen von etwa 20 mm Länge, am oberen Ansatz bis zu

2 mm, am unteren Ende 0,5 mm breit. Ritzrichtung von rechts oben im Winkel von etwa 45° nach links unten. MB II A.

4. Plattenrand, Dm 342 mm, hart gebrannte Scheibenware, Magerung 2/1 an/or. Unregelmäßig geglätteter, rotbrauner "wash" (8 E 6) auf der Oberseite, Unterseite braunorange (7 C 5). Im Kern braungrau (7 F 2), zur Unterseite hin in Rotorange (7 B 7) übergehend. Auf der Unterseite eine Rille im Verlauf eines Kreisbogenteiles, daneben zum Mittelpunkt hin 3 eingedrückte Vertiefungen (Durchmesser etwa 2 mm, Tiefe zwischen 2 und 3 mm). MB II A.

MB II B (Abb. 24)

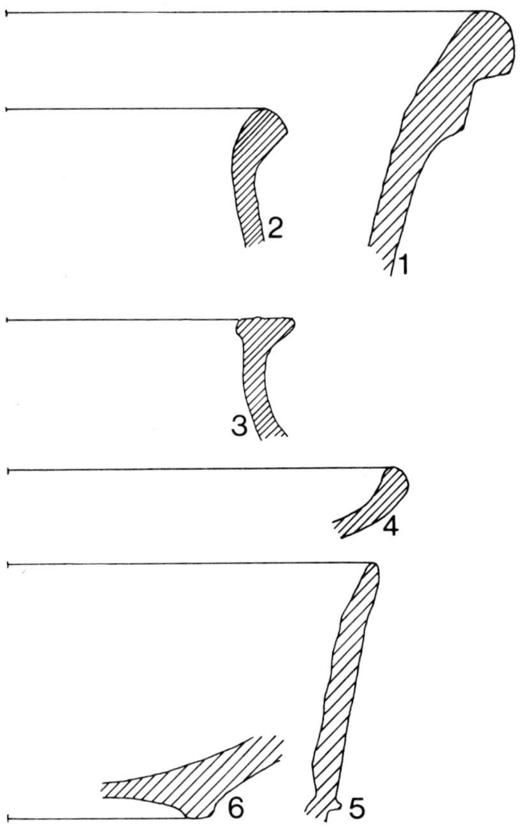

Abbildung 24

Keramischer Befund

1. Rand eines Vorratsgefäßes, Mdm 262 mm, hart gebrannte Scheibenware, Magerung 4/1 an mit durchgehend sehr feinen Teilchen. Oberflächen grauorange (6 B 5), im Kern bis fast an die Wandungen heran mittelgrau (6 E 1). MB II B.
2. Topfrand, Mdm 144 mm, sehr hart gebrannte Scheibenware, Magerung 3/1 an, vereinzelt größere Teilchen. Oberflächen grauorange (5 B 5). MB II B.
3. Topfrand, Mdm 126 mm, sehr hart gebrannte Scheibenware, Magerung 2/1 an. Oberflächen grauorange (5 B 4). Auf dem Rand befindet sich ein schwach ausgeprägtes, umlaufendes Band. MB II B.
4. Schalenrand, Mdm 214 mm, mäßig gebrannte Scheibenware, Magerung 1/1 an. Innenseite lachsrot (5 A 4), auf der Außenseite ein geglätteter, braunorange Überzug (6 C 5). MB II B.
5. Rand eines Kraters, Mdm 204 mm, hart gebrannte Scheibenware, Magerung fast nicht erkennbar. Oberflächen orange (6 B 7). Auf der Außenseite unregelmäßig geglättet. MB II B.
6. Ringboden einer Schale, Bdm 134 mm, hart gebrannte Scheibenware, Magerung 1/1 an mit einigen or Teilchen. Oberflächen grauorange (6 B 5), im Kern ein platingraues Band (6 D 1) von 3 bis 4 mm Breite. MB II B.

SB und SB I (Abb. 25)

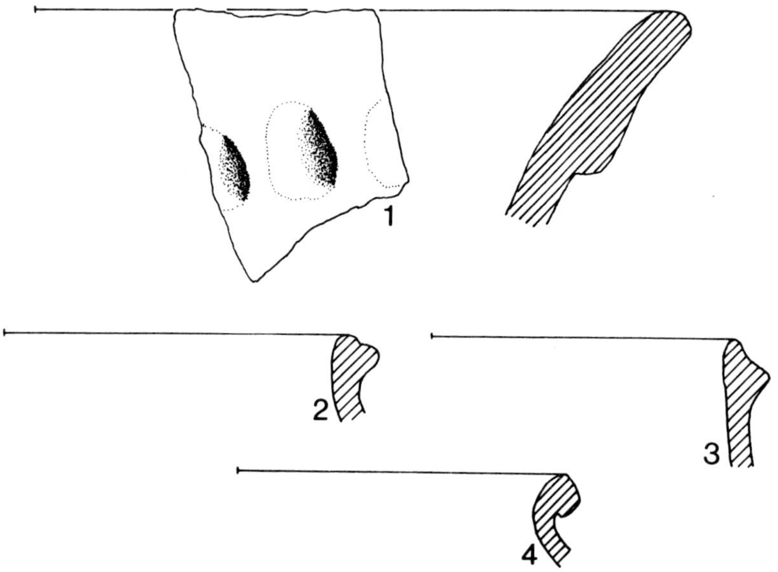

Abbildung 25

1. Schüsselrand, Mdm 350 mm, mäßig gebrannte, grobe Scheibenware, Magerung 3/1 an/or, wobei der or Zusatz überwiegt. Oberfläche grauorange (5 B 5) auf der Innenseite, außen und auf dem Rand ein grauroter Überzug (7 B 6). Im Kern bis etwa 2 mm an die Wandungen heran mittelgrau (6 E 1). Auf der Lippe durch tiefe Daumeneindrücke verziert. SB.
2. Kochtopfrand, Mdm 190 mm, hart gebrannte Scheibenware, Magerung 1/2 an/or. Oberflächen rotbraun (8 D 6). SB I.
3. Kochtopfrand, Mdm 166 mm, hart gebrannte Scheibenware, Magerung 4/1 an mit wenigen größeren Teilchen. Oberflächen braunorange (5 C 3), Kern olivbraun (4 E 3) bis zu einem etwa 1 mm breiten, orange Streifen (6 B 6) an den Wandungen. SB I.
4. Schalenrand, Mdm 180 mm, hart gebrannte Scheibenware, Magerung sandig 3/1 an. Oberflächen grauorange (6 B 4). SB I.

SB und SB I (Abb. 26)

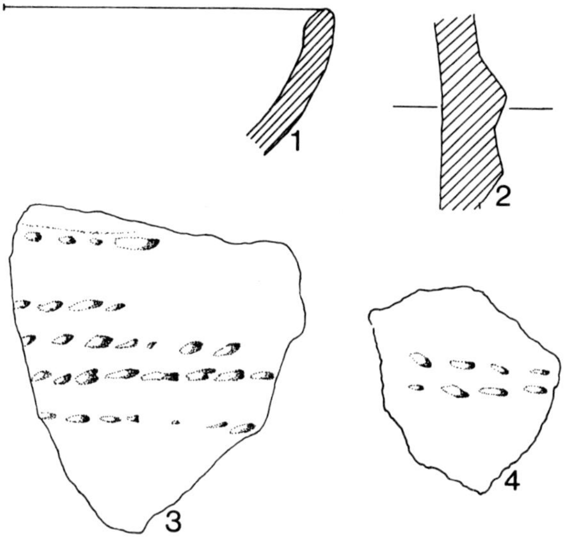

Abbildung 26

1. Schalenrand, Mdm 178 mm, hart gebrannte Scheibenware, Magerung 1/1 an. Oberflächen graurot (7 B 5). SB I.
2. Wandungsstück eines Vorratsgefäßes, mäßig gebrannte Scheibenware, Magerung 2/1 an, vereinzelt größere Teilchen. Oberflächen sahara (6 C 5), im Kern bis auf 3 mm an die Wandungen heran mittelgrau (6 E 1). Auf der Außenseite befindet sich ein aufgesetztes, in der Mitte vertieftes, umlaufendes Band. SB I.
3. Wandungsstück unbekannter Herkunft, hart gebrannte Scheibenware, Magerung feinsandig 4/1 an mit wenigen größeren Teilchen. Oberflächen grauorange (5 B 5), Kern durchgehend graubraun (6 D 3). Verzierung durch mehrere parallel geführte Seilabdrücke. SB.
4. Wandungsstück unbekannter Herkunft, hart gebrannte Scheibenware, Magerung 4/1-3 an. Auf Innen- und Außenseite ein polierter, braunorange Überzug (7 C 5). Durch zwei parallele Seilabdrücke verziert. SB.

SB I (Abb. 27)

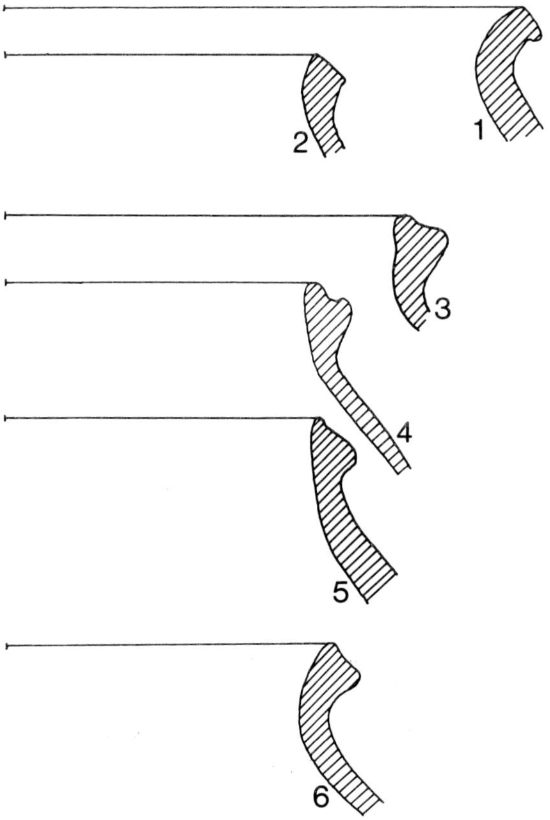

Abbildung 27

1. Kochtopfrand, Mdm 286 mm, hart gebrannte Scheibenware, Magerung sandig 4/1 an. Oberflächen graubraun (6 D 3). SB I.
2. Kochtopfrand, Mdm 172 mm, hart gebrannte Scheibenware, Magerung 3/1 an mit wenigen größeren Teilchen. Oberfläche auf der Außenseite braunorange (7 C 5), auf der Innenseite graubraun (7 D 3). Im Kern mausgrau (5 E 3). SB I.
3. Kochtopfrand, Mdm 172 mm, hart gebrannte Scheibenware, Magerung sandig 3/1 an, vereinzelt größere Teilchen. Oberflächen braunorange (7 C 5). SB I.

4. Kochtopfrand, Mdm 170 mm, mäßig gebrannte Scheibenware, Magerung 3/2 an, vereinzelt größere Teilchen. Oberflächen hellbraun (7 D 4), im Kern bis etwa 3 mm an die Außenwandung heran dunkelgrau (7 F 1). SB I.
5. Kochtopfrand, Mdm 174 mm, hart gebrannte Scheibenware, Magerung sandig 3/1 an. Oberflächen braunorange (6 C 4), im Kern ein schmales, olivbraunes Band (4 E 3). SB I.
6. Kochtopfrand, Mdm 178 mm, hart gebrannte Scheibenware, Magerung 2/3 an. Oberflächen braunorange (7 C 5), im Kern ein schmales, mittelgraues Band (7 E 1). SB I.

SB II (Abb. 28)

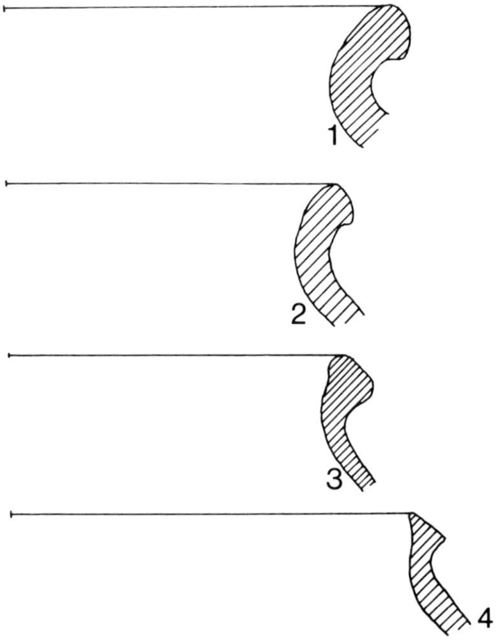

Abbildung 28

1. Kochtopfrand, Mdm 212 mm, hart gebrannte Scheibenware, Magerung 3/1 an. Oberflächen grauorange (6 B 4), im Kern bis etwa 1 mm an die Wandungen heran olivbraun (4 E 3). SB II.
2. Kochtopfrand, Mdm 182 mm, hart gebrannte Scheibenware, Magerung 3/2 an kristallin. Oberfläche auf der Innenseite grauorange (6 B 4), auf der Außenseite ein braungrauer "wash" (6 D 2). SB II.
3. Kochtopfrand, Mdm 186 mm, hart gebrannte Scheibenware, Magerung 3/1 an mit einzelnen Teilchen bis zu 2 mm Durchmesser. Außen und innen ein hellbrauner "wash" (7 D 4), im Kern bis etwa 1 mm an die Wandungen heran mittelgrau (7 E 1). SB II.
4. Kochtopfrand, Mdm 238 mm, hart gebrannte Scheibenware, Magerung 4/1 an. Oberfläche außen graurot (7 B 5), auf Lippe und Innenseite ein rehbrauner "wash" (7 E 4). Im Kern mausgrau (5 E 3). SB II.

SB II (Abb. 29)

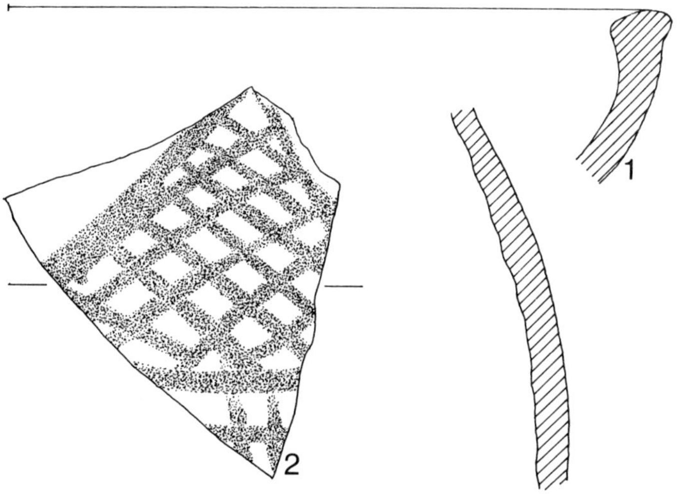

Abbildung 29

1. Schüsselrand, Mdm 362 mm, mäßig gebrannte Scheibenware, Magerung 2/1 an/or. Oberflächen grauorange (6 B 5), Kern grauorange (5 B 3). SB II.
2. Wandungsstück unbekannter Herkunft, hart gebrannte Scheibenware, Magerung 2/2 an. Oberflächen hellorange (6 A 5). Auf der Außenseite in Dreiecksflächen eine netzartige Bemalung (Strichbreite zwischen 4 mm und 7 mm) in Hellbraun (7 D 5). SB II.

SB II (Abb. 30)

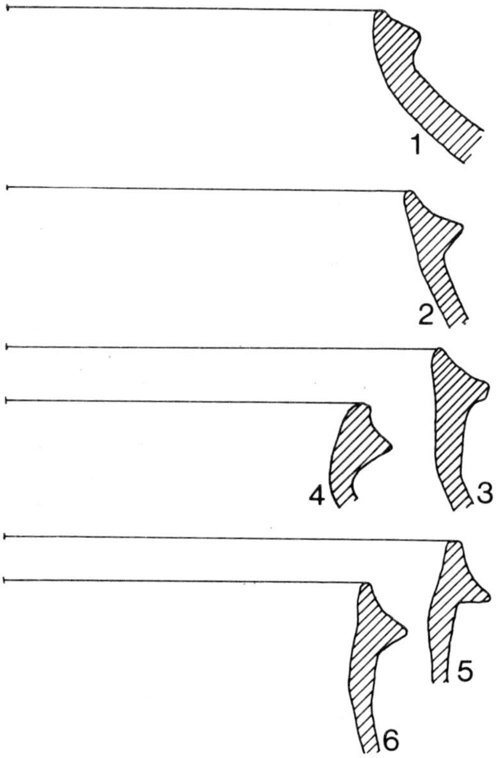

Abbildung 30

1. Kochtopfrand, Mdm 244 mm, hart gebrannte Scheibenware, Magerung 4/1 an. Oberflächen grauorange (5 B 5), im Kern bis jeweils etwa 1 mm an die Wandungen heran mittelgrau (5 E 1). SB II.
2. Kochtopfrand, Mdm 262 mm, hart gebrannte Scheibenware, Magerung 3/1 an/or. Oberflächen rotbraun (8 D 5). SB II.
3. Kochtopfrand, Mdm 238 mm, hart gebrannte Scheibenware, Magerung 4/1 an. Oberflächen rotbraun (8 D 5). SB II.
4. Kochtopfrand, Mdm 194 mm, hart gebrannte Scheibenware, Magerung 3/2 an. Oberflächen rotbraun (8 D 5), Kern braun (6 E 4). SB II.
5. Kochtopfrand, Mdm 252 mm, hart gebrannte Scheibenware, Magerung 4/1 an. Oberflächen rehbraun (7 E 4), Kern mittelgrau (7 E 1). SB II.

6. Kochtopfrand, Mdm 202 mm, hart gebrannte Scheibenware, Magerung 3/1 an. Oberfläche rotbraun (8 D 4). SB II.

SB II (Abb. 31)

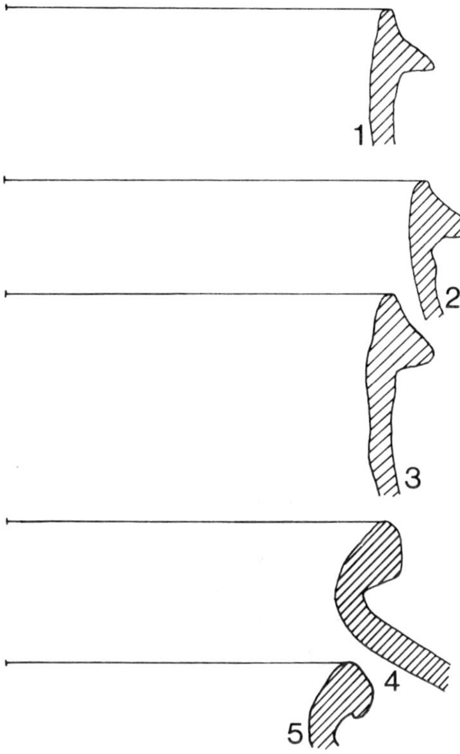

Abbildung 31

1. Kochtopfrand, Mdm 250 mm, hart gebrannte Scheibenware, Magerung 3/1 an. Oberflächen tizianrot (7 D 6), Kern mittelgrau (7 E 1). SB II.
2. Kochtopfrand, Mdm 270 mm, hart gebrannte Scheibenware, Magerung 2/2 an. Oberflächen fuchsrot (8 D 7). SB II.
3. Kochtopfrand, Mdm 214 mm, hart gebrannte Scheibenware, Magerung 4/1 an. Gelbbrauner Überzug (5 D 4) auf Innen- und Außenseite, im Kern mittelgrau (5 E 1) bis etwa 1 mm an die Wandungen heran. SB II.
4. Kochtopfrand, Mdm 280 mm, hart gebrannte Scheibenware, Magerung 1/1 an. Oberflächen braunorange (7 C 6), Kern olivbraun (4 E 3). SB II.

5. Kochtopfrand, Mdm 192 mm, hart gebrannte Scheibenware, Magerung sandig 3/1 an. Oberflächen hellbraun (6 D 5), im Kern bis zwischen 1 mm und 3 mm an die Wandungen heran metallgrau (5 E 2). Rand und Lippe geglättet. SB II.

E I und II (Abb. 32)

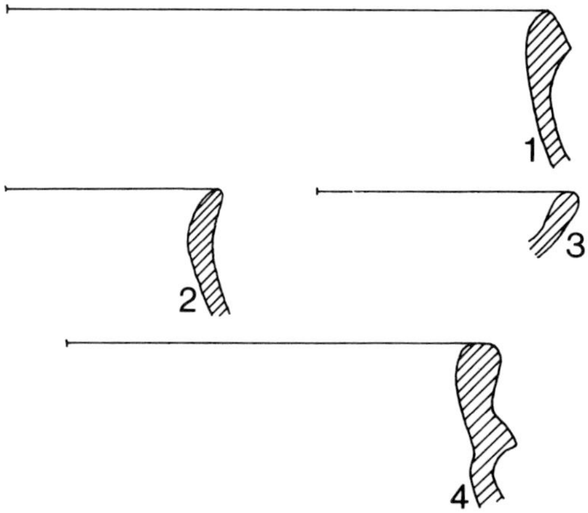

Abbildung 32

1. Kochtopfrand, Mdm 252 mm, hart gebrannte Scheibenware, Magerung 2/1 an mit vereinzelt größeren Teilchen. Oberflächen hellbraun (7 D 5). E I.
2. Krugrand, Mdm 102 mm, sehr hart gebrannte Scheibenware, Magerung 1/1 an mit einigen größeren Teilchen. Oberfläche außen braungrau (5 D 2), innen grauorange (5 B 4). Die Kernfarbe entspricht der der Innenseite und reicht bis dicht an die äußere Wandung heran. E I.
3. Schalenrand, Mdm 120 mm, hart gebrannte Scheibenware, Magerung 1/1 an mit wenigen größeren Teilchen. Oberflächen braunorange (6 C 4). E I.
4. Kochtopfrand, Mdm 194 mm, hart gebrannte Scheibenware, Magerung 2/2 an mit wenigen größeren Teilchen. Oberflächen hellbraun (7 D 4), Kern mittelgrau (7 E 1) bis etwa 2 mm an die Wandungen heran. E II.

LABWA Nord A *(Nr. 16)*

Die Scherbensuche erbrachte in 3 ES 57 keramische Fragmente, die sich wie folgt verteilen: 7 Objekte belegten das Chalkolithikum, 24 die Frühbronzezeit II/III. Da es sich bei den letzteren um Scherben der "gekämmten

Ware" handelte, konnte die Darstellung unterbleiben. 14 Fragmente dokumentierten die Mittelbronzezeit II A, 3 die Mittelbronzezeit II B, während eines hier nicht näher klassifiziert werden konnte. Die 4 Scherben der Spätbronzezeit verteilten sich gleichmäßig auf beide Unterepochen. Die Eisenzeit war nur durch eine Scherbe (E I) vertreten. Während die folgenden Epochen nicht belegt werden konnten, wurde die arabische Zeit durch 3 Scherben nachgewiesen.

Ch und MB II A (Abb. 33)

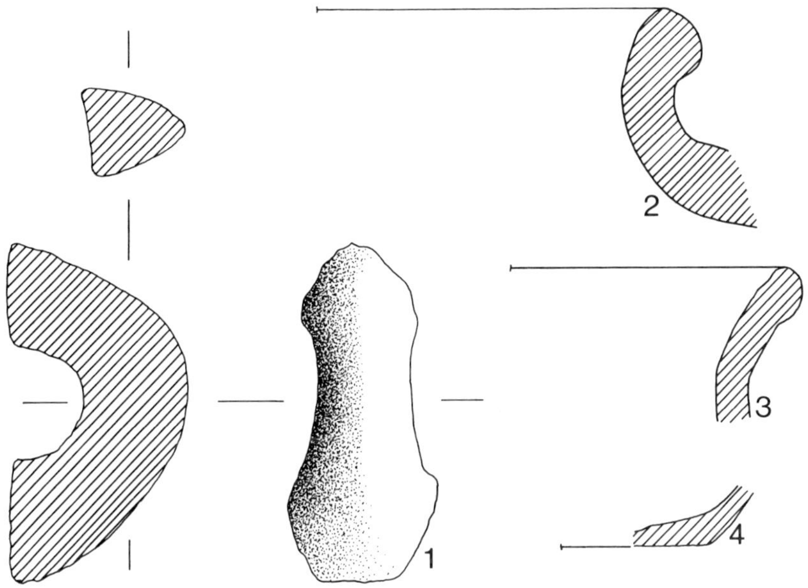

Abbildung 33

1. Henkel, hart gebrannt, Magerung feinsandig 3/1 an/or. Oberflächen grauorange (6 B 5) mit Resten eines lederbraunen Überzugs (6 E 6). Kern bis 1 mm an die Wandungen heran dunkelgrau (6 F 1). Ch.
2. Rand eines Vorratsgefäßes, Mdm 192 mm, hart gebrannte Scheibenware, Magerung 1/1 an/or. Oberflächen graurot (7 B 5), Kern bis etwa 2 mm an die Wandungen heran mittelgrau (7 E 1). MB II A.
3. Krugrand (?), Mdm 152 mm, hart gebrannte Scheibenware, Magerung 1/1 an. Oberflächen grauorange (5 B 5), im Kern ein etwa 2 mm breites, mittelgraues Band (5 E 1). MB II A.
4. Flachboden, Bdm 102 mm, sehr hart gebrannte Scheibenware mit deutlichen Drehspuren, Magerung feinsandig 3/1 an. Oberflächen mausgrau (5 E 3). MB II A.

MB II B, SB I und E I (Abb. 34)

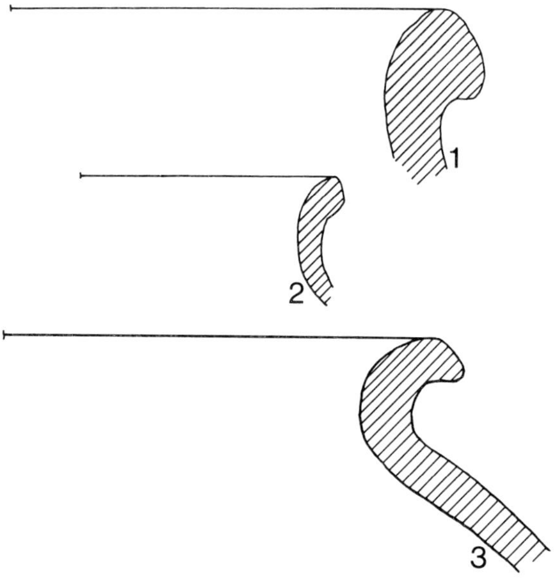

Abbildung 34

1. Rand eines Vorratsgefäßes, Mdm 236 mm, hart gebrannte Scheibenware, Magerung feinsandig 2/1 an/or. Oberflächen graurot (7 B 5), Kern birkengrau (5 C 2) bis etwa 2 mm an die Wandungen heran. MB II B.
2. Schalenrand, Mdm 158 mm, mäßig gebrannte Scheibenware, Magerung feinsandig 1/1 an. Oberfläche sahara (6 C 5), im Kern ein etwa 2 mm breites, metallgraues Band (5 E 2). SB I.
3. Topfrand, Mdm 234 mm, hart gebrannte Scheibenware, Magerung 2/3 an. Oberflächen mattrot (8 C 4), im Kern bis 1 mm an die Wandungen heran dunkelgrau (8 F 1). E I.

TALL QAṢR LABWA (Nr. 18)

Die Ausbeute von 123 Scherben war bei einem Zeitaufwand von 10,75 ES vergleichsweise niedrig, was auf die Schwierigkeiten der Suche an diesem Ort hinweist. Dennoch konnten die meisten Epochen nachgewiesen werden: die "gekämmte Ware" der Frühbronzezeit II/III war dreimal vertreten, von 28 mittelbronzezeitlichen Scherben gehörten 25 zur Mittelbronzezeit II A, die restlichen waren in der Mittelbronzezeit II nicht näher zu klassifizieren. Spätbronzezeit I und II wurden durch 8 bzw. 3 Objekte belegt, die 6 Scherben der Eisenzeit verteilten sich hälftig auf die Eisenzeit I und II. 2 hellenistische, 3 römische, 14 byzantinische und 52 arabische Scherben zeigten auf, wie sich die spätere Entwicklung der Ortslage gestaltete.

MB II A (Abb. 35)

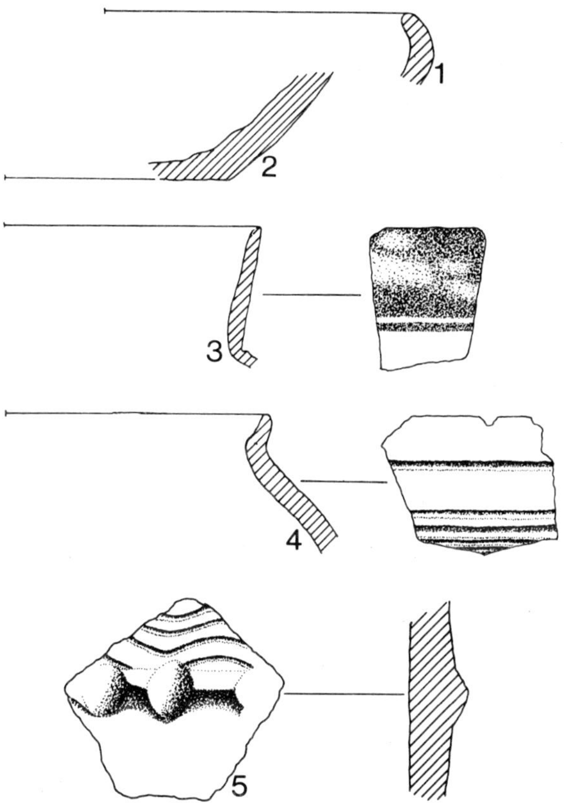

Abbildung 35

1. Schalenrand, Mdm 166 mm, hart gebrannte Scheibenware, Magerung 2/2 an/or. Oberfläche innen braunorange (6 C 5), außen aufgrund von Glättung etwas dunkler (5 C 5). MB II A.
2. Topfboden, Bdm 124 mm, hart gebrannte Scheibenware, Magerung 1/2 an. Oberflächen rotorange (7 A 6), Kern grauorange (5 B 4). MB II A.

3. Rand eines Kraters oder Kelches, Mdm 140 mm, hart gebrannte Scheibenware, Magerung 2/1 an. Oberflächen orange (6 A 6), im Kern bis dicht an die Wandungen heran pastellgrau (6 C 1). Zwischen Rand und Hals finden sich untereinander ein breites und schmales, braungraues Band (6 C 2), beide leicht beschädigt. MB II A.
4. Topfrand, Mdm 142 mm, hart gebrannte Scheibenware, Magerung feinsandig 3/1 an. Oberflächen graubeige (4 C 2), Kern mittelgrau (4 E 1). Verziert mit 5 konzentrischen Rillen von etwa 2 mm Breite, eine davon befindet sich am Schulteransatz, die anderen auf der Schulter selbst. MB II A.
5. Wandungsstück, sehr hart gebrannte Scheibenware, Magerung 2/1 an. Oberflächen und Kern rehbraun (7 E 4). Die Scherbe weist einen aufgesetzten Wulst mit Daumeneindrücken auf, darüber 4 parallel geführte, wellenförmige Rillen. MB II A.

MB II A und MB II (Abb. 36)

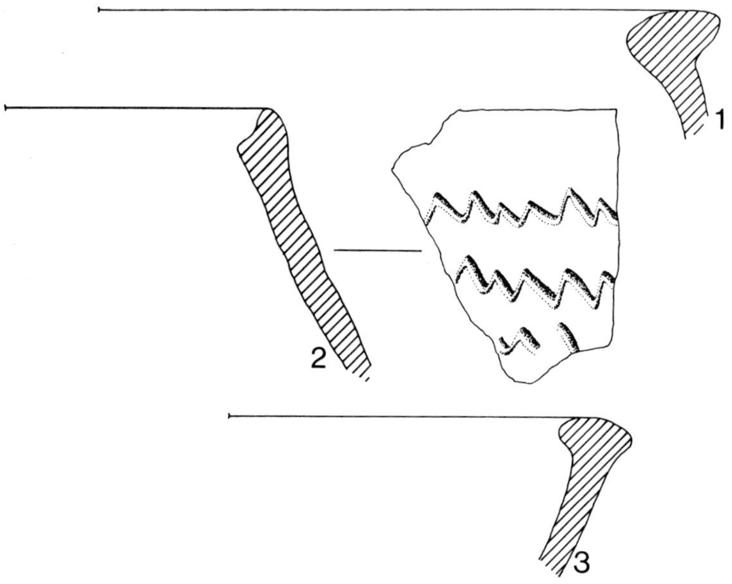

Abbildung 36

Keramischer Befund

1. Rand eines Vorratsgefäßes, Mdm 340 mm, hart gebrannte Scheibenware, Magerung 2/2 an. Oberflächen hellorange (6 A 5), Kern orangegrau (5 B 2). MB II A.
2. Rand eines Krater (?), Mdm 144 mm, sehr hart gebrannte Scheibenware, Magerung 2/1 an mit wenigen größeren Teilchen. Oberflächen rotbraun (8 D 4), im Kern ein braungraues Band (8 E 2) von etwa 4 mm Breite, das zu den Wandungen hin in die Oberflächenfarbe übergeht. Verziert durch 3 übereinander angebrachte, unregelmäßige, geritzte Wellenbänder. MB II A.
3. Schalenrand, Mdm 196 mm, hart gebrannte Scheibenware, Magerung 1/1 an. Oberfläche außen hellorange (5 A 5), auf Rand und Innenseite ein grauroter Überzug (8 C 5). Kern graubeige (4 C 2). MB II.

MB II und SB I (Abb. 37)

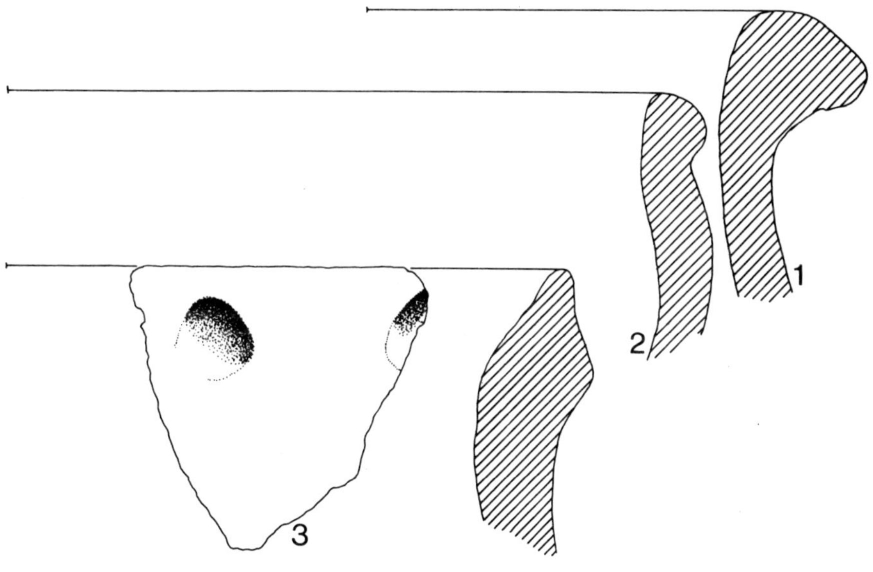

Abbildung 37

1. Pithosrand, Mdm 224 mm, hart gebrannte Scheibenware, Magerung 1/1 an/or. Oberflächen grauorange (6 B 4), im Kern von Grau (6 E 1) zur Außenwandung hin in die Oberflächenfarbe übergehend. SB I.
2. Schüsselrand, Mdm 354 mm, sehr hart gebrannte Scheibenware, Magerung 2/3 an. Oberflächen grauorange (5 B 3), im Kern von Grau (5 E 1) zur Außenwandung in die Oberflächenfarbe übergehend. SB I.

3. Pithosrand, Mdm 302 mm, sehr hart gebrannte Scheibenware, Magerung 3/1 an mit wenigen größeren Teilchen. Oberflächen grauorange (6 B 4), Kern grau (6 F 1) bis dicht an die Wandungen heran. Unterhalb des Randes durch eine Aufwulstung mit tiefen Daumeneindrücken verziert. MB II.

SB, SB II und E I (Abb. 38)

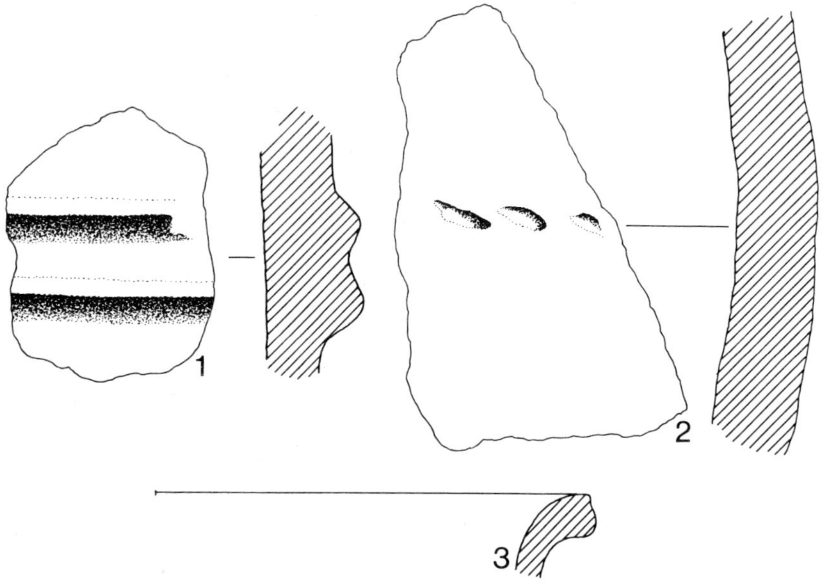

Abbildung 38

1. Wandungsstück eines Pithos, mäßig gebrannte Scheibenware, Magerung 3/1 an/or. Oberfläche innen rotorange (7 B 6), außen grauroter Überzug (8 B 5). Im Kern ein braungraues Band (7 F 2), das zu den Wandungen hin in Dunkelbraun (7 E 4) übergeht. Auf der Außenseite finden sich zwei aufgesetzte Wülste. SB II.
2. Wandungsstück eines Pithos, sehr hart gebrannte Scheibenware (?), Magerung 1/2 an. Oberflächen rotorange (7 A 6), Kern graugelb (4 C 3). Außen durch Seilabdrücke verziert. SB.
3. Schalenrand, Mdm 252 mm, hart gebrannte Scheibenware, Magerung 1/1 an. Oberflächen rotbraun (8 D 5), Kern negerbraun (6 F 3). E I.

TLINTA (Nr. 19)

Die Ortslage zeigte einen recht dünnen Scherbenbelag: in 3 ES wurden nur 12 aussagekräftige Objekte aufgelesen. Ein Fund konnte als der Mittelbronzezeit II zugehörig identifiziert werden, 4 Scherben repräsentierten die Spätbronzezeit II, 3 die Eisenzeit, wobei nur die jüngeren abgebildet wurden. Byzantinische und arabische Zeit waren durch je 2 Scherben vertreten.

SB II und E II (Abb. 39)

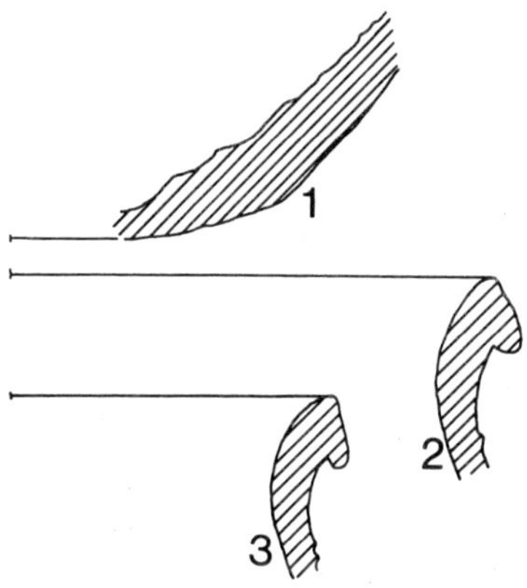

Abbildung 39

1. Wackelboden eines geschlossenen Gefäßes, Bdm 102 mm, hart gebrannte Scheibenware mit ausgeprägten Drehspuren auf der Innenseite, Magerung 1/2 an. Oberflächen grauorange (6 B 5). SB II.
2. Schalenrand, Mdm 182 mm, hart gebrannte Scheibenware, Magerung 2/1 an. Innen und außen mit braunorange Überzug (6 C 6) versehen. Kern bis etwa 1 mm an die Wandungen heran braunorange (5 C 5). E II.
3. Schalenrand, Mdm 122 mm, hart gebrannte Scheibenware, Magerung 2/1 an. Oberflächen rehbraun (7 E 4). E II.

TALL ṢŪGĀ (Nr. 20)

In 7,5 ES wurden 45 keramische Fragmente gesammelt, worunter die Mittelbronzezeit II A mit 9, die Spätbronzezeit II mit 11 Scherben die deutlichsten Hinweise auf die frühere Besiedlung erbrachten. Ein Objekt, möglicherweise ein Streufund, konnte als chalkolithisch identifiziert werden. Die Mittelbronzezeit II B war durch 2, die frühe Spätbronzezeit durch 4 Scherben vertreten. 2 Funde konnten als früheisenzeitlich datiert werden. Römische und byzantinische Zeit wurden durch 4 bzw. 9 Scherben belegt.

MB II A und SB II (Abb. 40)

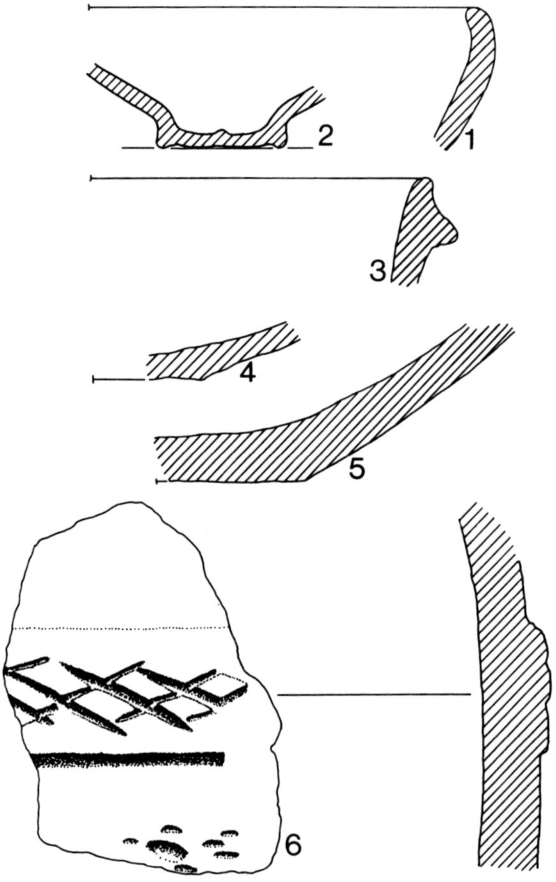

Abbildung 40

Keramischer Befund

1. Schalenrand, Mdm 212 mm, sehr hart gebrannte Scheibenware, Magerung 1/1 an. Oberflächen graubraun(5 E 3), im Kern bis dicht an die Wandungen heran grau (5 D 1). MB II A.
2. Ringboden eines geschlossenen Gefäßes, Bdm 46 mm, hart gebrannte Scheibenware mit deutlichen Drehspuren auf Innen- und Außenseite, Magerung 2/1 an. Oberflächen braungrau (5 D 2). MB II A.
3. Kochtopfrand, Mdm 184 mm, hart gebrannte Scheibenware, Magerung 2/1 an. Oberflächen hellbraun (7 D 5). SB II.
4. Schalenboden, Bdm 62 mm, hart gebrannte Scheibenware, Magerung sehr feinsandig 4/1 an. Oberflächen dunkelgrau (6 E 1), auf der Außenseite poliert. Im Kern bis dicht an die Wandungen heran braungrau (6 D 2). SB II.
5. Schalenboden, Bdm 84 mm, hart gebrannte Scheibenware mit Drehspuren auf der Innenseite, Magerung 2/1 an/or. Oberflächen braunorange (6 C 4), im Kern bis etwa 2 mm an die Wandungen heran grau (6 E 1). SB II.
6. Wandungsstück, hart gebrannte Scheibenware, Magerung 3/1 an/or. Oberflächen braunorange (5 C 4), im Kern bis etwa 3 mm an die Wandungen heran dunkelgrau (5 F 1). Mit aufgesetzter Leiste und durch Kerbschnitte verziert, die ein rautenähnliches Muster ergeben; als Instrument kommt ein spitzer Spatel in Betracht. Unterhalb der Leiste finden sich mehrere Vertiefungen, die Seilabdrücken ähneln. Eine direkte Parallele, die sich nur durch das Fehlen der Seilabdrücke vom vorliegenden Stück unterscheidet, fand sich in *Tall al-ʿAin*. SB II.

TALL ḤAQL AL-ǦAMIʿ (Nr. 21)

Innerhalb von 6 ES konnten 175 keramische Objekte gesammelt werden, durch die die meisten Epochen vertreten werden. Die Frühbronzezeit II/III war durch 1 Scherbe der "gekämmten Ware" belegt, Mittelbronzezeit II A und B durch jeweils 24 bzw. 9 Exemplare. 29 Scherben dokumentierten die Spätbronzezeit I, 16 die folgende Periode. Für Eisenzeit I und II fanden sich 9 bzw. 7 Belege. Die späteren Epochen erbrachten 7 hellenistische, 28 römische sowie 45 byzantinische und arabische Scherben.

MB II, MB II A und II B (Abb. 41)

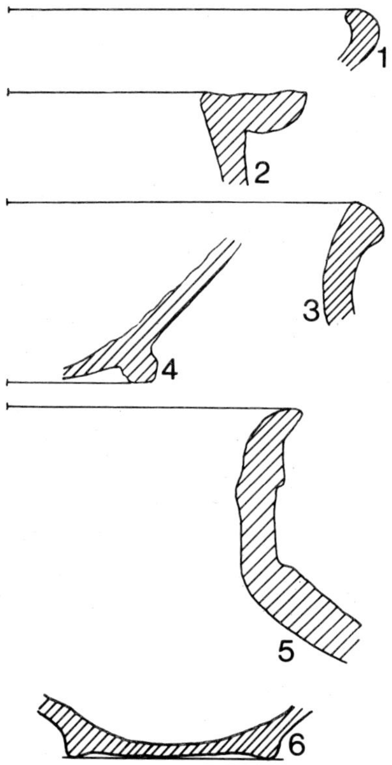

Abbildung 41

1. Schalenrand, Mdm 184 mm, hart gebrannte Scheibenware, Magerung 2/1 an. Oberflächen grauorange (6 B 4). MB II A.
2. Topfrand, Mdm 106 mm, hart gebrannte Scheibenware, Magerung 2/2 an. Oberfläche sahara (6 C 5) mit einigen platingrauen Stellen (6 D 1). Der Kern ist in der Lippe braunorange (6 C 4), in der Wandung platingrau (6 D 1). MB II A.
3. Topfrand, Mdm 186 mm, hart gebrannte Scheibenware, Magerung 4/2 an. Oberflächen nougatfarbig (5 D 3). MB II B.
4. Ringboden, Bdm 76 mm, sehr hart gebrannte Scheibenware, Magerung sehr fein geschlämmt 1/1 an. Oberflächen grauorange (5 B 4). MB II B.
5. Krugrand, Mdm 154 mm, hart gebrannte Scheibenware, Magerung 2/1 an, vereinzelt größere Teilchen. Oberflächen braungrau (6 E 2). MB II B.

6. Ringboden, Bdm 54 mm, sehr hart gebrannte Scheibenware, Magerung 2/1 an mit einzelnen größeren Teilchen. Oberflächen grauorange (6 B 5). MB II.

SB I, SB II und E II (Abb. 42)

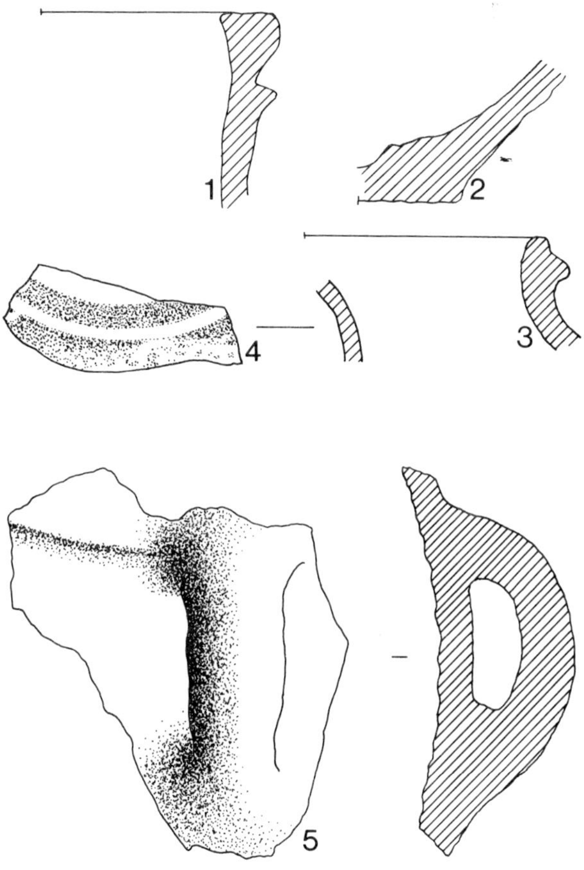

Abbildung 42

1. Krugrand mit Henkelansatz, Mdm 104 mm, sehr hart gebrannte Scheibenware, Magerung 2/1 an, vereinzelt größere Teilchen. Oberflächen nougatfarbig (5 D 3). SB I.
2. Flachboden, Bdm 56 mm, hart gebrannte Scheibenware, Magerung 2/2 an. Oberflächen braunorange (7 C 5). SB I.

3. Kochtopfrand, Mdm 128 mm, hart gebrannte Scheibenware, Magerung feinsandig 4/1 an mit wenigen größeren Teilchen. Oberfläche innen mittelgrau (7 E 1), außen hellbraun (7 D 5), im Kern von der Innenwandung bis etwa 2 mm an die Außenwandung heran dunkelgrau (7 F 1). SB II.
4. Wandungsstück (Pilgerflasche ?), sehr hart gebrannte Scheibenware, Magerung sehr fein geschlämmt 1/1 an. Oberflächen lachsrot (6 A 4). Auf der Außenseite Reste von 2 konzentrischen, tizianroten Bändern (7 D 6) von etwa 6 mm Breite, die im Abstand von etwa 4 mm voneinander verlaufen. E II.
5. Amphorenhenkel, hart gebrannte Scheibenware, Magerung 4/überwiegend 2 an, wobei jedoch auch alle anderen Korngrößen vertreten sind. Oberflächen graurot (7 B 5). Auf der Gefäßschulter ist eine im Querschnitt dreieckige Zierleiste angebracht. E II A/B.

E II (Abb. 43)

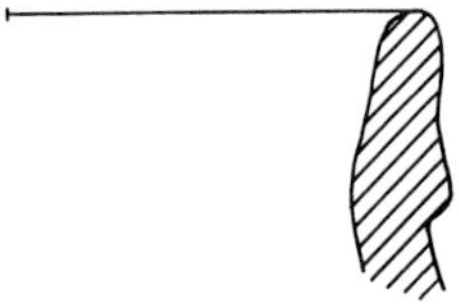

Abbildung 43

Krugrand, Mdm 112 mm, hart gebrannte Scheibenware, Magerung 1/1 an. Oberflächen hellorange (6 A 3). E II.

2085:2595 (Nr. 22)

In 5,25 ES wurden nur 34 Scherben gefunden. 11 von ihnen repräsentierten römische und nachrömische Zeit. Eisenzeit I wurde durch 1 Scherbe nachgewiesen, 6 Objekte belegten zu gleichen Teilen Spätbronzezeit I und II. Der Schwerpunkt des Befundes lag in der Mittelbronzezeit II; hier konnten 11 Scherben der früheren, 3 der späteren Epoche nachgewiesen werden. 2 Funde, bei denen es sich um die "gekämmte Ware" handelte, ließen sich in die Frühbronzezeit II/III einordnen.

MB II A (Abb. 44)

1. Schalenrand, Mdm 196 mm, sehr hart gebrannte Scheibenware, Magerung 2/1 an mit wenigen größeren Teilchen. Graubeiger Überzug (4 C 2) auf Innen- und Außenseite. Im Kern grau (4 D 1) bis jeweils etwa 1 mm an die Wandungen heran. MB II A.

2. Schalenrand, Mdm 182 mm, sehr hart gebrannte Scheibenware, Magerung sehr feinsandig 4/1 an. Oberflächen orange (6 A 6), im Kern bis dicht an die Wandungen heran grau (6 D 1). MB II A.

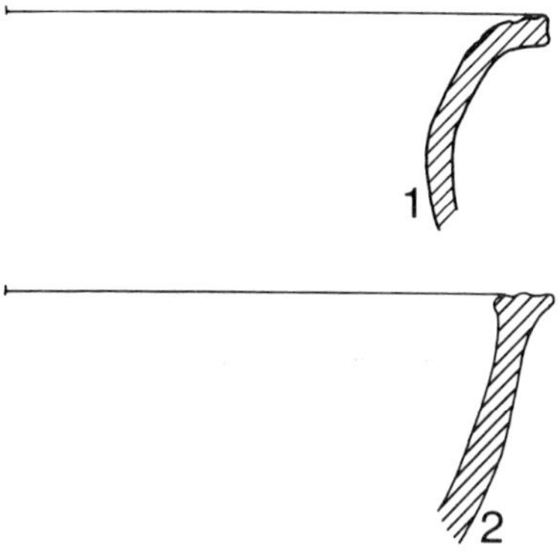

Abbildung 44

RĀS BAʿALBAK (Nr. 25)

Eine längere Nachsuche (6 ES) erbrachte nur 4 Scherben älterer Epochen, von denen sich 2 als der Mittelbronzezeit II angehörig erwiesen, während die anderen der frühen Eisenzeit zugerechnet werden konnten. 1 hellenistische, 3 römische und 42 byzantinische und nachbyzantinische Scherben belegten die späteren Epochen.

E I (Abb. 45)

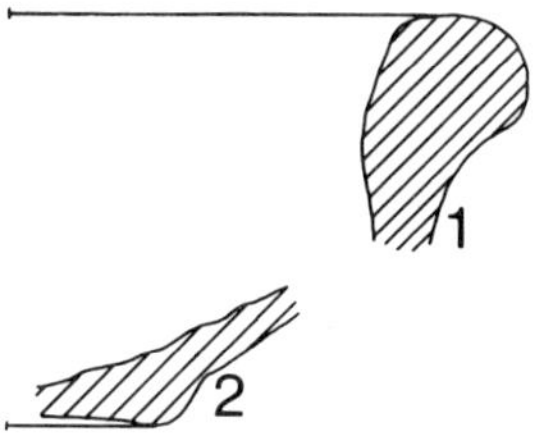

Abbildung 45

1. Krugrand, Mdm 122 mm, hart gebrannte Scheibenware, Magerung 2/2 an. Oberflächen grauorange (6 B 4). E I.
2. Ringboden einer Schale, Bdm 46 mm, sehr hart gebrannte Scheibenware mit Drehspuren auf der Innenseite, Magerung feinsandig 3/1 an. Oberflächen

birkengrau (5 C 2), im Kern bis dicht an die Wandungen heran grau (5 D 1). E I.

HIRMIL (Nr. 26)

Trotz intensiver Suche (40 ES) wurden nur 87 signifikante Scherben gefunden, von denen sich allein die Hälfte (42) als byzantinisch oder jünger erwies. Während die Mittelbronzezeit II A nur durch 3 Exemplare vertreten war, wurde die Spätbronzezeit durch 23 Scherben belegt, die sich gleichmäßig auf Spätbronzezeit I und II verteilten. 6 Scherben konnten in die Eisenzeit datiert werden, darunter 1 in die Eisenzeit I, 5 in die Eisenzeit II. Ihr Erhaltungszustand ist jedoch dermaßen schlecht, daß auf eine vollständige Darstellung verzichtet werden muß. Die hellenistische und die römische Epoche wurden durch 2 bzw. 11 Scherben nachgewiesen.

MB II A und SB I (Abb. 46)

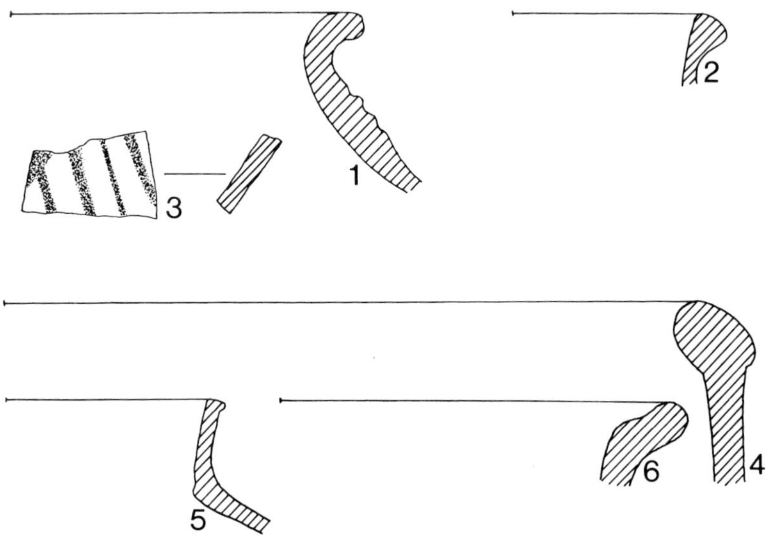

Abbildung 46

1. Rand eines Vorratsgefäßes, Mdm 220 mm, sehr hart gebrannte Scheibenware, Magerung 2/1 an. Oberfläche außen grauorange (6 B 5), innen graubraun (6 D 3). Im Kern graubraun (6 E 1), zu den Wandungen hin in Grauorange (6 B 5) übergehend. Auf der Schulter durch 3 konzentrische Rillen von etwa 4 mm Breite und 1 mm Tiefe verziert. MB II A.

2. Schalenrand, Mdm 124 mm, hart gebrannte Scheibenware, Magerung 1/1 an. Oberflächen fahl olivbraun (4 D 3), Kern mittelgrau (4 E 1). MB II A.
3. Wandungsstück, sehr hart gebrannte Scheibenware, Magerung feinsandig 2/1 an. Oberfläche außen grau (6 D 1), innen braungrau (6 C 2), die Kernfarbe entspricht der der Innenseite. Auf der Außenseite durch 4 parallele, unterschiedlich breite (1-4 mm), mittelgraue Bänder (6 E 1) verziert, die in spitzem Winkel auf ein fünftes, breiteres zulaufen. MB II A.
4. Rand eines Vorratsgefäßes oder eines Beckens, Mdm 408 mm, sehr hart gebrannte Scheibenware, Magerung feinsandig 2/1 an. Oberfläche außen graurot (8 C 5), innen geringfügig heller. Kern in der Mitte mittelgrau (8 E 1), an den Wandungen graurot (8 C 4). SB I.
5. Rand eines kleinen Vorratsgefäßes, Mdm 132 mm, sehr hart gebrannte Scheibenware, Magerung 3/1 an. Oberfläche außen braungrau (8 D 2), innen braunorange (7 C 5). SB I.
6. Schalenrand, Mdm 232 mm, hart gebrannte Scheibenware, Magerung 1/1 an. Oberflächen grauorange (6 B 4). SB I.

SB II und E II (Abb. 47)

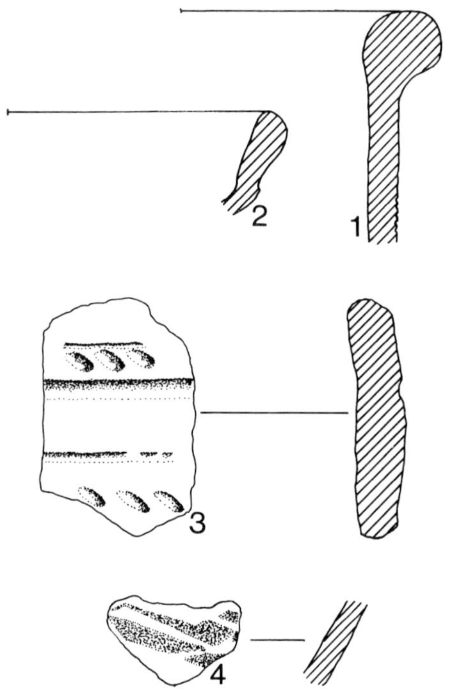

Abbildung 47

1. Krugrand, Mdm 118 mm, sehr hart gebrannte Scheibenware, Magerung 3/1 an. Oberflächen grauorange (5 B 4). Im unteren Bereich des Halses 5 parallele Rillen von etwa 1 mm Breite und Tiefe. SB II.
2. Rand einer Knickwandschale, Mdm 162 mm, sehr hart gebrannte Scheibenware, Magerung feinsandig 4/1 an. Oberflächen beige (4 C 3), im Kern bis zu den Wandungen durchgehend grau (4 D 1). SB II.
3. Wandungsstück, sehr hart gebrannte Scheibenware, Magerung 1/1 an. Oberflächen braunorange (5 C 4), Kern braungrau (4 D 2). Durch parallel verlaufende Rillen unterschiedlicher Breite und Tiefe und durch Seilabdrücke verziert. SB II.
4. Wandungsstück, hart gebrannte Scheibenware, Magerung 1/1 an. Oberfläche außen mit einem grauroten Überzug (6 B 5) versehen, innen lachsrot (6 A 4). Auf dem Überzug befinden sich drei parallele, teils zerstörte rotbraune Farbbänder (8 E 4) von je etwa 5 mm Breite. E II.

ḪIRBAT BUSĒBIS (Nr. 27)

In relativ geringer Zeit (3,5 ES) wurden 35 datierbare Scherben gesammelt, darunter 2 byzantinische als einzige Belege der jüngeren Epochen. Die Mittelbronzezeit II A war durch 5, II B durch 2 Scherben dokumentiert. Das deutliche Schwergewicht lag in der Spätbronzezeit mit 11 (I) und 8 (II) Funden. Die Eisenzeit war durch 5 Scherben vertreten, darunter 2 aus der Eisenzeit I und 3 aus der Eisenzeit II. Der Erhaltungszustand dieser Scherben ließ eine Darstellung nicht zu.

MB II A, SB I und II (Abb. 48)

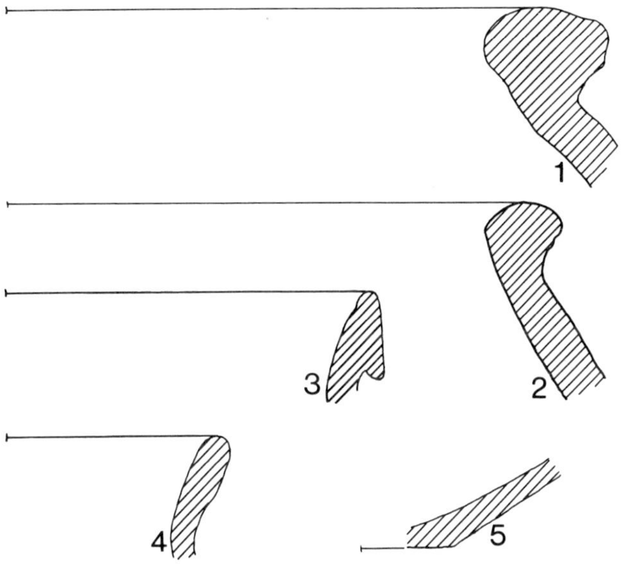

Abbildung 48

1. Pithosrand, Mdm 292 mm, hart gebrannte Scheibenware, Magerung 2/2 an/or. Oberflächen braunorange (6 C 6), im Kern bis dicht an die Wandungen heran braungrau (5 F 2). MB II A.
2. Rand eines Vorratsgefäßes, Mdm 282 mm, hart gebrannte Scheibenware, Magerung 2/1 an. Oberflächen grauorange (5 B 3), in der Mitte des Kernes ein graubraunes Band (5 E 2) von etwa 3 mm Breite. SB I.
3. Topfrand, Mdm 200 mm, hart gebrannte Scheibenware, Magerung 1/1 an. Oberfläche innen grauorange (6 B 5), außen ein braunorange Überzug (6 C 5) auf Lippe und Körper. Der Kern entspricht farblich der Innenseite. SB I.

4. Krugrand, Mdm 116 mm, hart gebrannte Scheibenware, Magerung 2/2 an. Oberflächen braunorange (7 C 6), im Kern durchgehend graurot (7 B 5). SB I.
5. Schalenboden, Bdm 52 mm, hart gebrannte Scheibenware, Magerung 1/1 an mit wenigen größeren Teilchen. Oberflächen braunorange (5 C 4). SB II.

NICHT EINDEUTIG BESTIMMBARE STÜCKE (Abb. 49)

Unter den schwer zu datierenden Scherben fanden sich Gefäßfragmente einer Familie, die mehrmals an verschiedenen Orten vertreten waren. Es handelt sich dabei um Pithosränder, bei denen sich drei Formen unterscheiden lassen. Typologisch betrachtet kann man folgende mögliche Entwicklung aufzeigen:

Typ 1 ist im Querschnitt nahezu dreieckig, der innere Rand ist vergleichsweise spitz und erinnert an den sogenannten "hole mouth jar". Der Außenrand ist abgerundet, der Übergang zur Gefäßwandung erfolgt auf der Außenseite in einem deutlichen Knick. Im Vergleich zu den anderen Formen erscheint dieser Typ relativ grob, was seine Herstellung betrifft.

Typ 2 zeigt starke Ähnlichkeit, obwohl sich einige Unterschiede aufzeigen lassen. Die Linienführung auf der Innenseite ist ausgeglichener, der innere Rand weicher abgerundet, obwohl der Querschnitt insgesamt noch dreiecksähnlich bleibt. In seinem oberen Teil ist der äußere Rand nicht mehr bogenförmig gerundet, sondern jetzt nahezu rechtwinklig. Der knickartige Übergang zur Gefäßschulter bleibt erhalten, der Winkel ist jedoch größer geworden, was die Linienführung etwas weicher erscheinen läßt.

Typ 3 verstärkt die Rundung auf der Innenseite, so daß jetzt der Übergang der Innenwand zum Rand auf einem Kreisbogen erfolgt. Der Innenrand ist nicht mehr gerundet spitz, sondern fast rechtwinklig. Im Querschnitt erscheint der Rand nicht mehr als Dreieck, sondern eher als umgekehrtes Trapez. Die Außenseite zeigt im oberen Teil die schon bei Typ 2 beobachtete Ausprägung des Randes. Die weichere Linienführung im Übergang zur Wandung wird gegenüber Typ 2 dadurch verstärkt, daß der Wandungsknick durch einen gleichmäßig gerundeten Bogen ersetzt wird. Von der gesamten Technik und Ausformung her gesehen, stellt Typ 3 die ausgereifteste Stufe der Entwicklung dar.

Diese typologische Einordnung stellt nur einen Versuch dar; es kann nicht grundsätzlich ausgeschlossen werden, daß die drei Randtypen nebeneinander existierten oder daß die Entwicklung gerade umgekehrt verlaufen ist, was

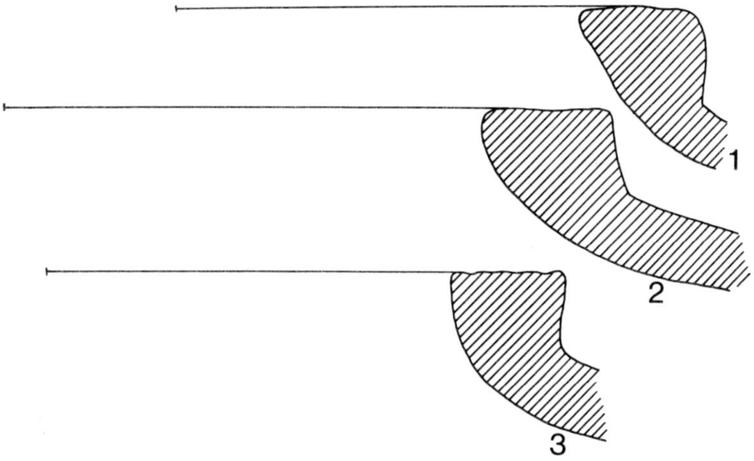

Abbildung 49

jedoch nicht sehr wahrscheinlich sein dürfte, da sich Entwicklungen nur selten von einer höheren in Richtung auf eine technisch tiefere Stufe bewegen. Wenn dies einmal der Fall ist, wie etwa bei der spätbronzezeitlichen Keramik im Vergleich zu der der Mittelbronzezeit II, so wird die technische Minderung durch andere Mittel kaschiert, im genannten Beispiel zeigt sich das etwa an der Zunahme der Bemalung in der Spätbronzezeit gegenüber der Mittelbronzezeit. Da hinsichtlich der Oberflächenbearbeitung die Qualität der einzelnen Typen der vorgeschlagenen Entwicklungsfolge entspricht und diese auch durch die angeführten Formmerkmale unterstützt wird, scheint sie mir zumindest als Arbeitshypothese brauchbar zu sein.

Da weder im Material von *Kāmid al-Lōz* Vergleichbares zu finden war noch Parallelen aus der palästinischen Keramik sich nahelegen, kann ein Datierungsversuch nicht mehr als eine subjektive Einschätzung der beobachteten Details sein. Die recht grobe Magerung (sie wurde in den Beschreibungen nicht differenzierter dargestellt, weil Kornzahl und -größe bei den einzelnen Scherben variieren) könnte das Ende der Eisenzeit als terminus ante andeuten, da hellenistische und auch späteisenzeitliche Pithoi der Levante im allgemeinen nicht so grob gemagert sind wie die vorliegenden Stücke. Der terminus post ergibt sich aus dem Umstand, daß es sich in allen Fällen um Scheibenware handelt. Innerhalb dieses Zeitraumes scheint mir eine Datierung im Bereich von Spätbronzezeit II / Eisenzeit I noch am wahrscheinlichsten. Wie aber bereits ausgeführt, kann es sich dabei nur um eine Mutmaßung handeln.

SB II / E I ? (Abb. 49)

1. Pithosrand, Mdm 240 mm, hart gebrannte Scheibenware, grob an gemagert, Oberflächen grauorange (5 B 4).

   Vorkommen: *2085:2595 (Nr. 22)* 8 Stück

   Tall al-ʿUyūn (Nr. 15) 1 Stück

   Tall al-ʿAin (Nr. 8) 1 Stück

2. Pithosrand, Mdm 300 mm, hart gebrannte Scheibenware, grob an gemagert, Oberflächen braungrau (6 D 2).

   Vorkommen: *2085:2595 (Nr. 22)* 3 Stück

   Tall an- Nabaʿ (Nr. 12) 2 Stück

   Tall al-ʿUyūn (Nr. 15) 3 Stück

3. Pithosrand, Mdm 260 mm, hart gebrannte Scheibenware, grob an gemagert, Oberflächen grauorange (6 B 4).

   Vorkommen: *Tall Qaṣr Labwa (Nr. 18)* 1 Stück

   Tall Ṣūġā (Nr. 20) 1 Stück

   2085:2595 (Nr. 22) 4 Stück

   Tall an-Nabaʿ (Nr. 12) 1 Stück

   Tall al-ʿUyūn (Nr. 15) 1 Stück

DAS FRAGMENT EINER LATEINISCHEN VOTIVINSCHRIFT VON TALL QAṢR LABWA

Von Siegfried Mittmann

Im Repertoire der spätantiken Inschriften aus dem Bereich der *Biqāʿ* war *Labwa* bislang nur mit einer lateinischen Inschrift vertreten[1]. Eine weitere kommt nun hinzu, die sich am Westfuß von *Tall Qaṣr Labwa* (Nr. 18) fand, nordwestlich unterhalb des römischen Tempelpodiums[2]. Fraglos entstammt sie dem Tempelbezirk; denn es handelt sich um eine *ex voto* - Inschrift, die das Fragment eines kleinen Weihaltars ziert.
Das Bruchstück besteht zu einem wesentlichen Teile aus der Basis des quadratischen Altars (Tf. 12 A), die insgesamt 26 cm hoch und bis zu 67 cm breit ist. Nach unten setzt sie sich fort in einem allseits um 9-10 cm verengten und 19 cm langen Stumpf, der den Altar im Boden verankerte. Nach oben geht die Basis mit einer geschweiften Stufe über in den 44 cm breiten und nur noch bis zu 24 cm hohen Körper des Altars. Die auf der Frontseite mit doppelstufiger Umrandung eingetiefte Schriftfläche hat eine Breite von 26,5 cm.

Abb. 50: Lateinische Votivinschrift von *Tall Qaṣr Labwa*

Von der Inschrift (Abb. 50 und Tf. 12 B) sind nur die beiden Schlußzeilen noch erhalten (Länge 21,5 und 14 cm). Sie sind sperrig geschrieben und

[1] Vgl. Rey-Coquais, IGLS VI, 178 Nr. 2899.

[2] Entdeckt und aufgenommen am 13.9.1972.

laufen in der Schreibrichtung ein wenig abwärts. Die Buchstaben differieren in der Höhe (1,5 - 1,9 cm) und sind an keiner festen Linie orientiert. Die mehr oder weniger starke Beschädigung, die die Mehrzahl der Zeichen erlitten hat, erschwert die Entzifferung und Deutung; doch bietet das einschlägige und gerade in der *Biqāʿ* reichlich vorhandene Vergleichsmaterial die Lese- und Verständnishilfe, die uns die Inschrift selbst versagt.

Unproblematisch ist das erste Wort der oberen Zeile, das zu [*u*]*xoris* zu ergänzen ist. Dieser Genitiv hängt von einem vorausgehenden *pro salute* ab; und höchstwahrscheinlich stand vor [*u*]*xoris* noch der Name der betreffenden Frau[3]. Das nächste Wort beginnt mit einem E. Ihm folgt ein Vertikalstrich, der zweifellos der Abstrich eines T ist; denn die Fortsetzung verlangt das Kopulativum *et* an dieser Stelle. Was sodann sich anschließt und auch erwartet werden kann, ist das Wort *filiorum*[4], das freilich nur noch bis zum O jetzt reicht. Voll ausgeschrieben war es allerdings auch zuvor nicht; denn auf dem engen Raum, der in der Zeile nach dem O noch bleibt, hat bei dem sperrigen Duktus dieser Inschrift nur das R noch Platz.

Die untere Zeile besteht aus einer Folge von sechs einbuchstabigen Abbreviaturen, von denen zwei, die dritte und die fünfte, zwar nur in kümmerlichen Resten noch vorhanden, doch leicht zu identifizieren sind; denn offenkundig sind sie Bestandteil der obligatorischen Schlußformel, die die Einlösung eines die Weihegabe betreffenden Gelübdes konstatiert. Feststehende Elemente sind darin die in *v(otum) s(olvit)* aufzulösenden Siglen V und S, die ja auch hier an vierter und sechster Stelle erscheinen. Die fragmentarischen Nachbarbuchstaben sind dann mit Sicherheit ein L (= *libens*), das sich mit seinem Vertikalstrich wenigstens noch abzeichnet, und ein M (= *merito*), das als solches schon durch den abwärts nach rechts weisenden Schrägstrich genügend ausgewiesen ist[5]. Wie die beiden noch verbleibenden Zeichen am Anfang der Zeile, S und O, zu deuten sind, ergibt sich aus einer Weihinschrift in *Baʿalbak*[6], die folgendermaßen endet: ... *coniug(is) et filiorum suorumque omnium v(otum) l(ibenti) a(nimo) s(olvit)*. Dementsprechend lautet unsere Inschrift: ... [*u*]*xoris et filio*[*r*]*(um) s(uorumque) o(mnium) l(ibens) v(otum) m(erito) s(olvit)*.

[3] Vgl. Rey-Coquais, IGLS VI, Nr. 2719,2720,2743,2748,2751,2922,2966 (in Nr. 2719,2743 und 2966 *coniugis* statt *uxoris*).

[4] Vgl. Rey-Coquais, IGLS VI, Nr. 2715 *fil(iorum)*; 2719 *filiorum*, nach *coniug(is)*; 2751 *soror(um) suarum filior(um)*.

[5] Die Wortstellung ist zwar nicht geläufig, aber auch nicht singulär; vgl. etwa Dessau, Inscriptiones Latinae, 112 Nr. 3880.

[6] Vgl. Rey-Coquais, IGLS VI, 72 Nr. 2743.

ZUR SIEDLUNGSKUNDE UND HISTORISCHEN TOPOGRAPHIE DER NOERDLICHEN BIQĀᶜ

VON ARNULF KUSCHKE

1. KURZER RÜCKBLICK AUF DIE *BIQĀᶜ*-FORSCHUNGEN SEIT 1950

Der vorstehende Bericht samt fotografischer Dokumentation der explorierten Siedlungsstätten und ihrer landschaftlichen Umgebung im Tafelteil, das Corpus einer repräsentativen Auswahl von Tongefäßscherben und sechs Siedlungskarten des Gebietes bilden für mich die Erfüllung eines lange gehegten Wunsches, den Abschluß einer Arbeit, die ich 1954/1955 im äußersten Süden der *Biqāᶜ* begonnen und bis ins Quellgebiet des *Nahr al-Liṭāni* bei *Baᶜalbak* vorangetrieben hatte. Diese nun zwei Jahrzehnte zurückliegenden Untersuchungen waren die Arbeiten eines unerfahrenen Anfängers, der allein auf einem Moped von *tall* zu *tall* und von *ḫirba* zu *ḫirba* tukkerte, hinter sich in einer kleinen Holzkiste die Scherbensäckchen. Selbstverständlich können sich diese frühen Erzeugnisse[1] nicht messen mit

[1] ZDPV 70, 1954, 104-129; 71, 1955, 97-101. In einem für Band 3 der Saarbrücker Beiträge zur Altertumskunde (Abk.: SBA), 1966, angefertigten Katalog antiker Ortslagen (S. 20-29) wurden, wie schon der Titel des Aufsatzes (S. 15) ankündigt, die hellenistisch-römischen und späteren Siedlungsstätten aus Gründen der Raumersparnis weggelassen. Dies und meine grundsätzlichen Bemerkungen über die Grenzen der archäologischen Oberflächenforschung (ebda. 18 Z. 23-26) sollte der Leser zur Kenntnis nehmen, der sich ein Urteil über die Kritik bilden will, die in SBA 4, 1970, 72 Z. 3-19 an meinen *Biqāᶜ*-Arbeiten geübt wurde. Am Ende jener Ausführungen findet sich eine methodische Belehrung, die mich überrascht hat: man müsse bei Durchführung eines Survey "auch alle jene *Tulūl* erfassen, die nach Größe und Scherbenbelag höchstwahrscheinlich nur relativ junge Ansiedlungen enthalten." Diese findet man, soweit ich sie 1954/1955 entdecken konnte, in meinem Originalbericht, der meinem Kritiker wohl bekannt ist (vgl. SBA 4, 1970, 71 Anm. 1): ZDPV 70, 1954, 111f (*Tall az-Znūb*). 115 (*Ḥōš al Ḥarīmi* und *Isṭabl*). 118f (*Turbul, Tall ᶜAmāra* und *Rīyāq*). 122 (*Brītāl*). 125 (*Tall Bḥāma* und *Tall Būdāy*); ZDPV 71, 1955, 98 (*Brītāl*). 99 (*Tall ᶜAqēbi*) und 100f (*Tall al-Aḥmar*).

dem hier Vorgelegten, das ich ohne meine Mitarbeiter innerhalb eines so kurzen Zeitraumes nicht hätte bewältigen können, von der Dokumentation und ihren entwickelteren Methoden gar nicht zu reden. In den sechziger Jahren war die *Biqāʿ* stärker ins Blickfeld der Archäologen, insbesondere der Prähistoriker[2] gerückt. Und von 1966 an haben R.Hachmann und seine Mitarbeiter während der Grabungen in *Kāmid al-Lōz* an den freien Tagen die Explorationen im südlichen, später auch im mittleren Teil dieser Landschaft fortgesetzt[3].

---

[2] Vgl. außer der auf S. 2 Anm. 2 aufgeführten Literatur noch folgende Titel: Hours, Saayideh et le néolithique pré-poterie du Liban; Copeland, Neolithic Village Sites in the South Beqaa; Cauvin, Mèches en silex et travail du basalte au IV. millénaire en Béka; Besançon - Copeland - Hours, L'Acheuléen de Joubb Jannīne II; Schroeder, A Prehistoric Survey in the Northern Beqaa Valley (Lit.); Besançon - Hours, Préhistoire et géomorphologie: les formes du rélief et les depôts quaternaires dans la région de Joub Jannine (die Kenntnis dieser Arbeit verdanke ich einem freundlichen Hinweis von Dr. G.Schweizer, Geographisches Institut Tübingen); G.Krause, Lesefunde von Jall Maschnaqa, SBA 4, 1970, 87-99; H.Schneider, Die Steinzeitfunde der südlichen Biqāʿ und ihre geologischen Grundlagen, ebda. 101-116.

[3] Hachmann, Zur Siedlungskunde der Biqāʿ. Dem Katalog der neuerdings entdeckten alten Siedlungsstätten folgen auf S. 81 grundsätzliche Erwägungen über die Frage, ob man denn "überhaupt aus dem auf der Oberfläche eines Tells liegenden Scherbenmaterial ... auf die Besiedlungsgeschichte" schließen könne. "Die Unsicherheitsfaktoren sind zu groß, um viel sagen zu können. Dennoch sind gewisse Aussagen möglich": es gibt Siedlungshügel, die heute noch besiedelt sind, und solche, "die zwar derzeit unbesiedelt sind, neben denen aber die neuzeitliche Siedlung liegt". Bei den ersteren ist die Siedlungskontinuität "natürlich fraglich, wenngleich für eine gewisse Anzahl davon wahrscheinlich", bei den letzteren ist sie "nur selten annähernd nachweisbar, wie etwa im Falle des Tell Kāmid el-Lōz". Manche, so Kuschke, ZDPV 74, 1958, 83ff, meinen, "in den heutigen Namen anscheinend erkennbare antike Namen könnten manchmal für eine solche Kontinuität sprechen, doch helfen sie nicht weiter". Was man von der Toponymie erwarten und was man nicht von ihr erwarten kann, möge man jetzt nachlesen bei Stefan Wild, Libanesische Ortsnamen. Und was man bei aller philologischen Vorsicht positiv erreichen kann, zeigen Untersuchungen wie die von Weippert über "Die Nomadenquelle", oder die von Mittmann über "Das südliche Ostjordanland im Lichte eines neuassyrischen Keilschriftbriefes aus Nimrūd".

Weiterführend erscheinen mir Hachmanns aus dem siedlungskundlichen Befund erschlossene Vorstellungen über die Ausdehnung des Sees, der im Altertum den südlichsten und den mittleren Teil der Biqāʿ voneinander getrennt hat (S. 81-86). Die beigefügte Kartenskizze (S. 82) veranschaulicht gut die Kontroll- und Sperrfunktion der beiden hellenistischen Festungen auf der West- und auf der Ostseite dieses See- und Sumpfgeländes, Brochoi und Gerrha. Die erstere ist höchstwahrscheinlich identisch mit dem Ruinengelände, das die Karte "Liban 1:20 000", Blatt I-6, im Quadrat 154:199 mit dem Namen *Qalʿat al-Muḍīq* verzeichnet, der zur Lage ebenso gut paßt wie bei der gleichnamigen Festung am Westrand von Apameia. Sie wurde erstmals kurz beschrieben von Mouterde in MUSJ 29, 50-52 mit pl. 11 und 12. Die Identifizierung dieses Ruinengeländes mit Brochoi ist bereits vor einem Jahrzehnt vorgeschlagen worden: Rey-

Aber ihr nördlicher Ausgang war in archäologischer und siedlungskundlicher Hinsicht nahezu eine terra incognita geblieben, wenn man von den prähistorischen Perioden absieht. Seit Polybios galt dieser Landstrich als Wüste[4]. Und A.Alt, nach dessen Vorstellungen sich der ganze Verkehr der Pharaonen mit Nordsyrien bis zur Mündungsebene des Eleutheros ausschließlich an der phönikischen Küste abspielte[5], hat unter Hinweis auf Polybios erklärt, "der Abstieg in der Senke von *baʿalbek* bis Kades führte großenteils durch unwirtliches Gelände", und dann sarkastisch, "die Ortslagen des zweiten Jahrtausend v.Chr., die Jirku dort gefunden haben will, bedürfen wohl der Nachprüfung" [6]. Dem Leser unseres Berichtes wurde deutlich, daß es in der Bronzezeit zwischen *Baʿalbak* und dem Südrand des Bekkens von *Ḥimṣ* erheblich mehr Siedlungen gegeben hat, als Jirku noch annehmen konnte. Übrigens hat Alt seine starre Position in dieser Frage einige Jahre vor seinem Tode selbst noch revidiert, nachdem eine kritische Edition des Berichtes über Amenophis' II. Feldzug nach Nordsyrien in seinem 7. Regierungsjahr erschienen war[7].

2. SIEDLUNGSKUNDLICHE ZUSAMMENFASSUNG

Wie der aufmerksame Leser des vorstehenden Berichtes feststellen wird, ist jedoch nicht zu verkennen, daß das Nordende der *Biqāʿ* einen ganz anderen Charakter hat als die Landschaft südlich von *Baʿalbak*: das Leontestal hat von der obersten, ungefähr 10 km westlich dieser Stadt entspringenden Quelle bis hinunter zur Südgrenze der Hochebene auf der Linie *Ǧubb Ǧannīn - Kāmid al-Lōz* ein Gefälle von nur 100 m und ist bis dorthin eine 8-10 km breite, fast horizontale Senke, eingerahmt von den relativ steilen Flanken der Gebirge zu beiden Seiten. Aber die Landschaft jenseits der Querschwelle und Wasserscheide, die sich von *Baʿalbak* in nordwestli-

---

Coquais, MUSJ 40, 289-296, pl. 1 und 2. Auf dem erwähnten Kartenblatt findet man 300 m nördlich von der Kuppe der *qalʿa* den Namen "es-Saalouq" und ca. 1 km westlich davon die "Nabaa es-Saalouq". Hachmann bietet die Form "Salūk". Unter beiden kann man sich nichts vorstellen, allenfalls unter *Qalʿat eṣ-Ṣalūq* (< ṣlq, vgl. Bélot, Vocabulaire arabe-français, 420f). Näherliegend ist jedoch ein Vergleich mit dem nördlich *Zaḥla* vorkommenden Ortsnamen *Sluqai* < *slūqāyē*, Plur. von *slūqāyā* "seleukisch, Seleukide" zu griechisch σελευκεῖος, so Wild, Libanesische Ortsnamen, 116.

4 Polybios, Geschichte V, 45; deutsche Ausgabe von H.Drexler, Bd. 1, 1961, 459.

5 Alt, Das Stützpunktsystem der Pharaonen.

6 ZDPV 55, 1932, 8.

7 Edel, Die Stelen Amenophis' II. Alt hat kurz darauf die Konsequenzen aus Z. 54-75 (Edel, S. 130-132) gezogen: ZDPV 70, 1954, 42f.

cher Richtung nach *Dēr al-Aḥmar* hinzieht, also der trogförmige Kopf des Orontestales, hat bis zum Becken von *Ḥimṣ* ein Gefälle, das fünfmal so stark ist wie das des Leontestales von *Baʿalbak* bis *Ǧubb Ǧannīn*. Haben wir südlich von *Baʿalbak* weite und übersichtliche Alluvialflächen, so ist die nördliche Fortsetzung des Grabens enger und unübersichtlicher; sie ist zergliedert durch die Schwemmfächer der beidseitigen Gebirgsketten und durch Zertalung[8]. Der vorherrschende Farbton dieser Landschaft, Okkergelb bis Hellrostbraun, ist häufig unterbrochen von dem kräftigen Grün der Quelloasen.

Vielleicht wird es als Mangel empfunden, daß wir darauf verzichtet haben, *Baʿalbak* in unsere Explorationen einzubeziehen, obwohl dieser ausgedehnte, durch seine gewaltigen römischen Tempelanlagen berühmt gewordene Ort über eine der stärksten Quellen der *Biqāʿ* verfügt, an der gewiß seit frühester Zeit Menschen ansässig gewesen sind. Nach häufigen Begehungen dieses immer von regem Treiben erfüllten Städtchens und seiner unmittelbaren Umgebung gewinnt man den Eindruck, daß die Überreste der altorientalischen Siedlungen durch die ungeheuren Erdbewegungen bei Errichtung der römischen Stadt Heliopolis beseitigt bzw. eingeebnet worden sind wie der größte Teil des alten Jerusalem beim Bau der hadrianischen Stadt Aelia Capitolina. Im Hinblick auf die im Vorderen Orient vielfach beobachtete Kontinuität der Kultstätten hat man schon oft vermutet, daß zwischen den Substruktionen des großen Jupiter-Tempels die Überreste seiner bescheideneren Vorgänger im Schutt ihrer Sieldungen begraben liegen. Seit 1961 wurden im Auftrage der Generaldirektion der Altertümer und Museen des Libanon im nordwestlichen Teil des Tempelhofes Sondierungen vorgenommen, über deren Ergebnisse zunächst nur widersprüchliche Nachrichten vorlagen[9]. Doch wurde vor einigen Jahren in aller Kürze, aber Bestimmtheit gemeldet, daß man dort auf

[8] Vgl. Carte géologique du Liban, 1:200 000, dressé par L.Dubertret, Beirut 1955.

[9] In BMB 18, 1965, 111f ist zu lesen, daß J.Hajjar dort ein Fragment eines Krugstempels aus der Perserzeit gefunden habe, auf dem eine figürliche Szene und Keilschriftzeichen zu sehen seien, außerdem Skelette mit Beigaben aus der Hyksoszeit. In dem Katalog altorientalischer Ortslagen der *Biqāʿ*, den ich für SBA 3 zusammengestellt hatte, wurden diese Mitteilungen von mir unter Nr. "23. Baalbek" (ebda. S. 27) aufgenommen. In SBA 4, 1970, 57 Anm.4 schrieb R.Hachmann, daß mein Hinweis auf mittelbronzezeitliche Bestattungen im Tempelhof sich nicht bestätigt habe, und fuhr fort: "Nach freundlicher Auskunft von J.Hajjar, Beirut, jetzt Montreal, wurden im Verlauf von dessen Grabungen im Tempelhof keinerlei Gräber gefunden. Auch I.Kaoukabani, der J.Hajjars Grabungen fortsetzte, fand keine Bestattungen." Seltsam ist nur, daß mir J.Hajjar seine oben zitierten Befunde, die erst etwas später gedruckt erschienen, durch Schreiben vom 19.6.1966 ausdrücklich bestätigt hat. Vgl. außerdem die nächste Anmerkung.

Fundamente von MB II-Häusern gestoßen ist, die in ältere Siedlungsschichten eingelassen waren; und in diesen wurden Scherben von bemalten Tongefäßen der FB III-Zeit, Feuerstein- und Obsidianklingen gefunden. Die Schlußfolgerung aus den bisherigen Befunden lautet: "M.Kawkabani has certainly hit the ancient tell which was later superseded by the Roman Acropolis"[10]. Daß die Geschichte von *Baᶜalbak* in altorientalische Zeit zurückreicht, hatte Otto Eißfeldt aus alttestamentlichen Notizen geschlossen. Von Jos 11,17; 12,7 und 13,5 ausgehend, hatte er die These vertreten, daß der Name *Baᶜalbak* nichts anderes sei als "der beim Absterben der hellenistisch-römischen Kultur wieder an die Oberfläche gekommene alte Name des dort wohnenden und verehrten Gottes *baᶜal biḳᶜa*", und daß das in den drei zitierten Stellen des Josuabuches vorkommende Baal-Gad mit *Baᶜalbak* identisch sei[11]. Karl Elliger hat unmittelbar darauf nicht nur der letztgenannten Gleichung, sondern auch der Ableitung des heutigen Ortsnamens von dem "Baal der Ebene" widersprochen[12]. Eine eingehende philologische Erörterung des Ortsnamens *Baᶜalbak* bietet jetzt Stefan Wild[13]. Nach ihm kommen nur zwei Möglichkeiten der Ableitung ernsthaft in Betracht: 1. von kanaan. *baᶜal bḵī* "Baal des Heulens, Heulbaal" > aram. *bᶜalbaḵ*[14] oder 2. von kanaan. *baᶜal neḇeḵ* "Baal der Quelle" > aram. *bᶜal nḇeḵ* > *bᶜall-ḇeḵ*[15]. Trotz der "ungewöhnlichen regressiven Assimilation *ln* > *ll*" zieht er diesen zweiten Vorschlag vor. Jedenfalls werden wir schwerlich bezweifeln können, daß *Baᶜalbak* bereits im 2. Jahrtausend v.Chr. ein nicht unbedeutendes kultisches Zentrum gewesen ist. Es wäre sonst auch kaum in römischer Zeit in solch gigantischen Ausmaßen und mit solch ungewöhnlich pompösen Aufwand ausgebaut worden.

Wie unsere Untersuchungen ergeben haben, sind im 2. und 1. Jahrtausend v.Chr. bereits drei Quelloasen im Kopf des Orontestales intensiv besiedelt gewesen, zwei sehr ausgedehnte und eine kleinere; es sind die Fluren von

---

[10] R.Saidah, Berytus 18, 1969, 126.

[11] FF 12, 1936, 52. Dieselbe Ableitung und Erklärung des Ortsnamens bot schon Kittel, Studien zur hebräischen Archäologie und Religionsgeschichte, 138 Anm. 2; ebenso Röllig, Art. Baᶜal Biqᶜāh.

[12] PJB 32, 1936, 41 Anm. 1.

[13] Libanesische Ortsnamen, 219-223.

[14] Dalman, Aramäisch-neuhebräisches Handwörterbuch, 55; ders., Arbeit und Sitte in Palästina I, 119.

[15] Milik, Biblica 48, 1967, 595.

1. *Rasm al-Ḥadaṯ (200:244)* mit den Siedlungshügeln *Tall al-ʿAin* bei *Šaʿat* (8), *Tall Aḥlā* (11), *Tall an-Nabaʿ* (12), *Tall Maṯḥana* (13) und *Tall al-ʿAyyūn* (15).
2. *Labwa (207:250)* mit den Siedlungshügeln *Labwa* Nord A (16), *Tall Qaṣr Labwa* (18), *Tall Ṣūǧā* (20), *Tall Ḥaql al-Ǧāmiʿ* (21) und o.N. *(2085:2595)* (22).
3. *Hirmil (211:277)*, und zwar *Hirmil* Ortsmitte (26) und *Ḫirbat Busēbis* (27).

Ein Blick auf die Siedlungskarten zeigt, daß die oben erwähnte Wasserscheide zwischen den beiden Talsystemen weithin steril ist. Nur an ihrem Nordostrand findet sich eine unauffällige alte Ortslage, die aber nach unseren Erhebungen fast durchgehend von der Frühbronzezeit bis ins frühe Mittelalter besiedelt gewesen ist (Nr. 3): der ziemlich flache Friedhofshügel am Ostrand der heutigen Ortschaft *Maqna*, deren Name gleichfalls in vorhellenistische Zeit zurückweist[16].

Exkurs:

Zwei Fragen stellen sich hier dem Beobachter:

1. Wie konnten an dieser Stelle Siedlungen entstehen und existieren, obwohl keine Quelle vorhanden ist[17]?

Zur Lösung des Problems habe ich Professor Dr. Reinhard Schönenberg, Institut für Geologie und Paläontologie der Universität Tübingen, das Kartenblatt "BAALBEK M-9", 1:20 000, die Geologische Karte des Libanon, 1:200 000, von L.Dubertret (1955), ebenfalls in Beirut erworbene Luftbilder von *Maqna* und Umgebung sowie unsere fotografischen Aufnahmen vorgelegt. Seine Überprüfung ergab folgenden Sachverhalt: In dieser Gegend liegen über den klüftigen Kalkschichten des Cenoman und des Turon eine wasserundurchlässige Kreideschicht des Senon und darüber miozäner Schotter. Am Ostrand von *Maqna* beobachtet man eine ca. 1 km lange, grob von West nach Ost verlaufende Verwerfung. Abbildung 1 zeigt ihren Querschnitt auf der Linie des hier von Nord nach Süd verlaufenden *Wādī an-Naḥla*. Die Südkante der angehobenen Turonschicht ragt etwa 20 m über den Talboden des *wādī* empor und fällt nach Norden sanft ab. Um der Anschaulichkeit willen wurde der Neigungswinkel überhöht. Die Senondecke ist durch Erosion verschwunden, so daß jetzt der rötlich braune Fels an der Verwer-

[16] Wild, Libanesische Ortsnamen, 169: " 'Maqni < aram. *maqnā* < hebr. *miqnā/ē* 'Besitz, durch Kauf erworbenes Feld, Weideland' ".

[17] Die heutige Ortschaft wird durch eine Wasserleitung von *Baʿalbak* oder *Naḥla* versorgt.

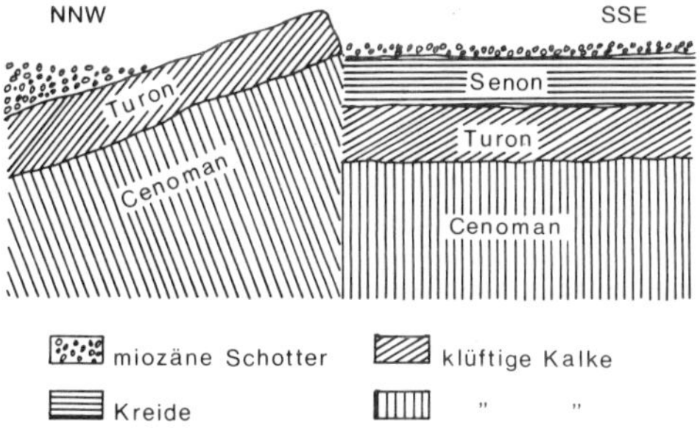

Abbildung 51
Schematischer Querschnitt einer Verwerfung am Ostrand von *Maqna* bei *Baʿalbak*. Nach einer Skizze von R.Schönenberg

fungslinie ansteht. Der Oberlauf des *wādī* ist recht schmal und tief. Aber ungefähr 2 km oberhalb *Maqna* beginnt es sich auszuweiten. Sein Talboden hat dann bis zur Verwerfungslinie eine durchschnittliche Breite von 100 m. Er ist im Sommer trocken, da das Wasser der Quellen im Einzugsgebiet dieses Tales für die Wasserversorgung der Ortschaft *Naḥla (199:232)*[18] und die Bewässerung ihrer Gärten verbraucht wird. Bei starken Regenfällen in den Wintermonaten erreichen die Wasserfluten auf dem undurchlässigen Senongrund des Talbodens die Turonbarriere von *Maqna*, die durch die Erosionskraft des Wassers - wohl vom Jungtertiär ab - hart östlich des späteren *Tall Maqna* durchsägt wurde. Es bildete sich ein tiefer Cañon (Tf.1 A), dessen Südeingang (Tf. 2 A) maximal 10 m breit ist, und der sich dann zu einem Felskessel von ungefähr 40 m Durchmesser weitet. Unmittelbar nördlich davon ist die Schlucht nach Auskunft von U.Müller, der sie in ihrer ganzen Länge (250 m) begangen hat, so eng, daß ein erwachsener Mann nur mit Mühe hindurchgehen kann. Es war also leicht möglich, die Schlucht durch einen Damm abzuriegeln, den Zu- und Abfluß des Wassers zu regulieren und Vorrichtungen zu seiner Sammlung herzustellen. Zudem muß man damit rechnen, daß an der Verwerfungslinie selbst eine inzwischen versiegte Quelle zutage trat.

2. Das Faktum, daß diese nach Ausweis des Scherbenbefundes sicher drei Jahrtausende lang besiedelte bzw. genutzte Ortslage nur ganz unscheinbare Siedlungsrückstände aufweist, ist eigentlich nur so zu erklären, daß *Maqna* nie mehr als eine unbefestigte Straßensta-

[18] Zu dieser Ortschaft und ihrer antiken Hinterlassenschaft vgl. ZDPV 74, 1958, 109, zu ihrem Namen Wild, Libanesische Ortsnamen, 172.

tion gewesen ist wie Ribla (2Kön 23,33; 25,6.20f; Jer 39,5f; 52, 9f.26f), das heutige, am Südostrand des Beckens von *Ḥimṣ* gelegene *az-Zarrāʿa (229:279)*, das sich aus seiner Umgebung kaum heraushebt, dessen Ausdehnung aber diejenige von *Tall Maqna* um ein Vielfaches übertrifft. Ribla war für die von Norden kommenden Karawanen und Heeresabteilungen ein wichtiger Haltepunkt und Rastplatz vor dem Aufstieg in die *Biqāʿ* und überhaupt ein bedeutendes Standlager für den Verkehr in beiden Richtungen. Eine ähnliche, freilich viel bescheidenere Rolle dürfte der *Tall Maqna* gespielt haben.

Auf dem Marsch über den sterilen, wasserlosen Sattel zwischen *Baʿalbak* und der nächst nördlichen Quelloase um *Rasm al-Ḥadaṯ*, die annähernd 20 km auseinanderliegen, konnte man hier, also auf halbem Wege, rasten und Wasser nehmen. Hatte man erst einmal *Tall al-ʿAin* (Nr. 8) oder *Tall an-Nabaʿ* (Nr. 12) erreicht, dann hatte es mit der Wasserversorgung keine Not mehr. Nach knapp 10 km folgte bereits die ebenfalls wasserreiche Oase von *Labwa*. Fragt man nach dem Verlauf des Hauptverkehrsweges von *Baʿalbak* nach *Rabla (226:278)*, dem heutigen Namensträger des alten Ribla, so ist wohl zu sagen, daß er zweifellos für immer auf dem Ostufer des Orontes geblieben ist. Denn von einem 6 km nördlich von *Labwa* gelegenen Punkte an treten die im Regenschatten liegenden, von zahllosen Trockenwadis zertalten und relativ steilen Osthänge des Libanon unmittelbar an den Flußlauf heran, jedenfalls bis zum Südrand der Oase von *Hirmil*, und haben einen Wegebau, sicher auch in römischer Zeit, unmöglich gemacht. Eine römische Straße von Heliopolis nach Emesa (*Ḥimṣ*) verlief über Libo (*Labwa*) und Laodicea ad Libanum, auch Laodicea Scabiosa genannt[19]. Es ist naheliegend anzunehmen, daß sie aus Gründen der Wasserversorgung, wenn irgend möglich, in Flußnähe blieb. Ihrem Schutz hat wahrscheinlich die von uns entdeckte Anlage *Tall al-Ḥīra* (Nr. 29) gedient. Nach R.Dussaud[20] durchquerte sie mittels der westlich Ribla befindlichen und heute noch benutzten Furt den Fluß, um auf das Westufer zu gelangen, und wechselte bei Laodicea wieder auf das Ostufer hinüber; denn auf dem Ostufer ist 1 km nordnordöstlich von *Tall Nabī Mind* in dem Weiler *ʿArǧūn* noch ein vermauerter Meilenstein zu sehen. Gerade aus diesem Grunde und weil die beiden Wasserläufe an der Südost- und an der Südwestseite des *Tall Nabī Mind* sicher schon in römischer Zeit überbrückt waren, ist nicht einzusehen, warum jene Straße 10 km südlich von Laodicea nochmal auf das Westufer hinübergewechselt sein soll.

---

[19] Es ist die hellenistisch-römische Nachfolgesiedlung von Qadeš auf dem *Tall Nabī Mind* und vor allem unter seiner Westflanke.

[20] Topographie 114ff.396.Karte XIV.

Interessant ist nun die oben[21] bereits erwähnte Mitteilung von Herrn Ch. Ghadbān, daß er auf dem westlichen Ufer des Orontes zwischen *Ǧisr al-ʿĀṣī*, also der Orontesbrücke 2,5 km östlich *Hirmil*, und der syrischen Grenze bei *al-Quṣēr* (Nr. 31, *2165:2815*) sechs Gruppen römischer Meilensteine, insgesamt 25 Stück, gefunden habe. Diese Straße könnte - immer auf dem Westufer verlaufend - von Laodicea ausgegangen sein. Vielleicht oder wahrscheinlich hat sie, von der Küste bei Tripolis kommend, durch das *Wādī al-Ḫālid* den Sattel beim römisch-byzantinischen *Harbʿāra*[22] erstiegen und ist dann am Südwestrand des Hömser Beckens direkt nach Süden gelaufen. Bei *al-Hīt (215:293)* oder *Summāqīyāt al-Ġarbīya (217:292)* hätte sich dann die Straße gegabelt: ein Zweig in östliche Richtung zu dem 8 km entfernten Laodicea ad Libanum[23], die andere geradeaus südlich in die von Ch. Ghadban entdeckte Strecke. Es ist weiter überaus wahrscheinlich, daß die letztere das auch in römisch-byzantinischer Zeit intensiv besiedelte *Hirmil* (Nr. 26) berührt und sich nach Überquerung der wahrscheinlich bis in römische Zeit zurückgehenden Brücke *Ǧisr al-ʿĀṣī* mit der auf dem Ostufer verlaufenden Straße nach Heliopolis vereinigt hat, die übrigens durch verbaute Meilensteine in der Oase von *Labwa*, genauer in *Ǧabbūla (206:253)*, bezeugt ist.

Eine erschöpfende Aufnahme und Dokumentation aller römisch-byzantinischen Denkmäler dieser Landschaft wäre dringend erwünscht. Eine Beobachtung, die uns viel beschäftigt hat, die wir aber nicht definitiv klären konnten, ist diese: die Ortslagen der wasserführenden Täler am westlichen Fuß des Antilibanon wie *Naḥla* (Nr. 1), *al-ʿAin* (Nr. 23), *Fākiha* (Nr. 24) und *Rās Baʿalbak* (Nr. 25) weisen reichlich Siedlungsrückstände der römisch-byzantinischen Epoche auf, aber nichts Älteres[24]. Drüben auf der Westsei-

---

[21] S. 5.

[22] Vgl. ZDPV 71, 1955, 107f, Tf. 1B + 2.

[23] Diese Strecke ist durch einen Meilenstein gesichert; vgl. Alt, ZDPV 55, 1932, 19f.

[24] Eine Ausnahme bildet, soweit ich es bis jetzt übersehe, *Yūnīn (200:237)*. 1960 fand ich Reste einer altorientalischen Siedlung ca. 700 m westsüdwestlich vom Zentrum des Dorfes, auf dem nördlichen Sporn eines Höhenzuges, der auf dem Blatt AARSAL der Levantekarte 1:50 000 die Höhenangabe 1264 trägt, auf dem Blatt YOUNINE M-10 der neuen Karte 1:20 000 dagegen 1271. In ZDPV 77, 1961, 35 hatte ich notiert: "Die Kuppe mißt nur 80 m von Nord nach Süd und 50 m von Ost nach West. Aber auch auf den Hängen liegen dicke Schuttmassen. Die Scherbenlese ergab zwar keine sicheren Belege für spätbronzezeitliche Besiedlung; umso eindeutiger waren die Mittelbronze- und die Eisenzeit vertreten. Auch römisch-byzantinische und frühharabische Scherben wurden aufgelesen." Wir bedauern sehr, daß es uns nicht möglich war, diese Ortslage jetzt mit unserer inzwischen durch Erfahrung vertieften Kenntnis der Keramiktypen

te hatten wir gegenüber *Baʿalbak* in *al-Yammūna* (Nr. 4) und *Dēr al-Aḥmar (187:242)* denselben Befund und setzten deshalb die Untersuchungen in den Talausgängen des Libanon nicht mehr fort. Im Grunde war dieser Befund zu erwarten; denn er unterscheidet sich nicht von dem, was man in der mittleren und südlichen *Biqāʿ* und in Palästina beobachtet hat.
Es muß abschließend noch gesagt werden, daß ich bei der Planung des Unternehmens die Hoffnung gehegt hatte, daß wir im Laufe unseres Surveys durch Befragung einheimischer, vor allem bäuerlicher Bevölkerungselemente auf eine viel größere Anzahl von Flur-, Orts- und Quellnamen aus dem aramäischen und kanaanäischen Substrat stoßen würden. Diese Hoffnung hat sich nicht erfüllt. Unter den Bezeichnungen von Siedlungshügeln und Ruinenstätten mit bronzezeitlichen Siedlungsresten herrschen Namen vor, die aus arabischen Appellativa zusammengesetzt sind oder Namen aus der spätantiken oder islamischen Tradition enthalten. Im mittleren und südlichen Teil der Hochebene ist das ein wenig günstiger, aber grundsätzlich auch nicht viel anders. Das hat seinen Grund offensichtlich darin, daß in einer so bedeutenden Verkehrsader, wie die *Biqāʿ* es immer gewesen ist, sich Namen aus den älteren Sprachsubstraten längst nicht so zäh halten konnten wie in dem ziemlich unzugänglichen Gelände des Libanongebirges oder auch wie an der Küste, die ihren phönikischen Charakter länger wahren konnte als die binnenländischen Verkehrsbänder. Trägt man die Ergebnisse von Stefan Wilds Forschungen[25] in eine Karte des Staates Libanon ein, so erhält man ein höchst anschauliches Bild von diesem Sachverhalt. Gewiß, unser Survey hat ergeben, daß diejenigen Orte, die wir aus den literarischen Quellen des 2. Jahrtausends v.Chr. kannten und deren Namen in gewissen Verformungen noch heute lebendig sind, auch aus archäologischen Gründen jener Periode zuzuweisen sind, so etwa *Labwa* und *Hirmil*. Aber die meisten der großen bronzezeitlichen Siedlungshügel, die wir untersucht und hier beschrieben haben, bleiben mit Namen wie *Tall al-ʿAin*, *Tall al-ʿUyūn*, *Tall an-Nabaʿ* und *Tall Maṯ̣ana* für den historischen Topographen zunächst nur stumme Zeugen der Vergangenheit. Das ist auch der Grund, weshalb wir hier einstweilen nur den archäologischen und siedlungskundlichen Befund vorlegen. Eine einigermaßen überzeugende historisch-topographische und territorialgeschichtliche Auswertung unserer Ergebnisse erfordert sehr viel mehr Zeit

---

dieser Gegend nochmal zu besuchen und den damaligen Befund zu präzisieren und evtl. zu korrigieren. Meine Gitternetzangabe über die Lage des Platzes a.a.O. Anm. 107 möchte ich anhand der neuen Karte verbessern: *2001:2372*.

[25] Libanesische Ortsnamen.

und Geduld - und Muße, als die Nötigung zur alsbaldigen Publikation der Survey-Ergebnisse es gestattet.
Andererseits ist zu berichten, daß uns die beiden Tagesexkursionen von *Ḥimṣ* in die Landschaft um *Tall Nabī Mind*, die nur "touristischen" Charakter tragen durften, wichtige Einsichten und Beobachtungen eingebracht haben.

3. TOPOGRAPHISCHE BEMERKUNGEN ZUR SCHLACHT VON QADEŠ

Die Skizze, die Helck - im Ansatz mit Faulkner[26] und Gardiner[27] übereinstimmend - von dem Aufmarsch Ramses' II. und seiner Divisionen zeichnet[28], dürfte der geschichtlichen Wirklichkeit sehr nahe kommen. Doch unverkennbar ist ein Widerspruch zwischen dieser Skizze und seinen Erörterungen über den Aufmarsch der ägyptischen Divisionen und über die Lage von Šabtuna[29]. Er geht dort aus von der Notiz des "Berichts" über das Erwachen im Zelte Seiner Majestät "im Hügelland südlich von Qadeš" und von der Ankunft des Pharao in der Gegend "südlich der Stadt Šabtuna"[30] und kombiniert sie richtig mit den Parallelaussagen, daß Ramses II. nordwärts marschierend das Hügelland von Qadeš erreichte, mit der 1. Division (Amūn) die Orontesfurt überquerte und schließlich bei der Stadt Qadeš ankam[31], daß die 2. Division (Rē) "die Furt südlich von Šabtuna überquerte"[32], und daß sich die 3. Division (Ptah) "südlich der Stadt Aranama" befand[33]. Der oben erwähnte Widerspruch liegt darin, daß Faulkner, Gardiner und Helck Šabtuna mit Ribla gleichsetzen[34], genauer mit *az-Zarrāʿa*, das 2 km östlich des heutigen Namensträgers *Rabla* gelegen ist, und an dessen Westrand man in der Tat eine Orontesfurt findet. Diese liegt also nicht südlich, sondern genau westlich des vermeintlichen Šabtuna! Außerdem ist Ribla niemals eine Stadt, also eine befestigte Siedlung, gewesen, sondern ein Lager, wenn auch freilich ein sehr bedeutendes. Und schließlich wäre es nicht sehr zweckmäßig und taktisch klug gewesen, wenn Ramses II., der mit seinen Heeresabteilungen auf der Westseite von Qadeš und d.h. auch

---

26 Faulkner, The Battle of Qadesh, 93ff.

27 Gardiner, The Kadesh Inscriptions.

28 Helck, Beziehungen, 201 "Die Ḳadesch-Schlacht, 1.Phase".

29 Ebda. 198ff, insbesondere 199.

30 Gardiner, B 4-8.

31 Gardiner, P 35-41.

32 Gardiner, P 59f.

33 Gardiner, P 62f.

34 Helck, Beziehungen, 200.

auf dem Westufer des Orontes aufmarschieren wollte, einen so erheblichen Umweg nach Osten gemacht hätte.

Šabtuna ist vielmehr, wie Jirku und Sturm bereits vor Jahrzehnten richtig vermutet haben[35], mit dem heutigen *Tall Maʿyān (2193:2859)* identisch. Dieser stellt sich erstens als ein "veritabler *tall*" dar: er bedeckt eine Grundfläche von annähernd 250 x 200 m und hat eine Höhe von ca. 12 m; seine Nordostecke wölbt sich zu einem abgestumpften Kegel empor, in dem man vielleicht eine kleine Akropolis vermuten darf. Zweitens: bei unserer kurzen Begehung stellten wir einen überaus starken Belag von antiken Scherben fest. Schwach vertreten waren das Neolithikum und die Frühbronzezeit,

[35] Vgl. Jirku, ZDPV 53, 1930, 159-161 und Sturm, Der Hettiterkrieg Ramses' II. - Jirku beschreibt a.a.O. 159f seine Route. Von *Labwa* kommend und *Rās Baʿalbak* östlich liegen lassend, überquert er den Orontes bei *Hirmil*, also über *Ǧisr al-ʿĀṣy* und fährt dann "weiter nordwärts dem *tell nebi mende* zu". "Ungefähr 8 km südlich [genauer südwestlich] vom *tell nebi mende* kam ich zu einer alten, durch eine starke Mauer befestigten Ortslage, die in der Nähe arbeitende Bauern als *tell mezraʿa* bezeichneten. Scherben aus der Zeit von B_3-E_1 sowie solche der römisch-byzantinischen Zeit verrieten die Daten der einstigen Besiedlung. ... Ich befand mich hier auf dem Schlachtfeld von Kadesch am Orontes 1288 v.Chr., und es kam mir gleich die Frage, welche Rolle dieser mit seinem altorientalischen Namen heute unbekannte Tell damals gespielt haben mag. Sollte hier die in dem Berichte mehrfach genannte Stadt *Šꜣbtwn* gelegen haben? Sowohl die Annahme einer Lage bei *rible* (so Breasted, Ancient Records III, S. 128) wie *ḳalʿat el-ḥöṣn* (so Dussaud, Topographie S.93) scheint mir unmöglich; und daß die Stadt *Šꜣbtwn* hart am Orontes gelegen habe, geht aus den ägyptischen Berichten über die Schlacht bei Kadesch zwingend nicht hervor." Daß Jirku jenes *al-Mazraʿa* nicht verwechselt hat mit *az-Zarrāʿa*, dem Ort des alten Ribla, ergibt sich klar aus seinen weiteren Ausführungen auf S. 161. Nun ist zwar ein *Tall al-Mazraʿa* in jener Gegend nicht nur A.Alt unbekannt (ZDPV 55, 1932, 16 Anm. 1); es gibt den Namen dort überhaupt nicht. Zwischen *ʿAin Maʿyān* und *Tall Maʿyān* verzeichnet das Kartenblatt TELL KALAKH 1:50 000 einen *walī* mit dem Namen *Mazār Maʿyān*. Es kann gar nicht anders sein, als daß Jirku diesen Namen zu *al-Mazraʿa* verhört hat. Daß seine Beschreibung den *Tall Maʿyān* im Blick hat, leidet keinen Zweifel. - Sturm, der das Problem nur vom Schreibtisch aus behandeln konnte und ebenso wie Alt über keine bessere Karte dieser Gegend verfügte als Blatt VI in Dussauds Topographie, schreibt a.a.O. 86: "So möchte man für Šbtn an eine Entfernung von etwa 4 bis 5 km von Ḳitša denken. Ob man Šbtn im Tell emʿīn (auf der Karte bei Alt S. 12), an dem südlich und östlich der es-Sīḥ vorbeifließt, oder in einem anderen Hügel zu suchen hat, läßt sich angesichts der uneinheitlichen Darstellung der hydrographischen Verhältnisse der Gegend von Tell Nebi Mend auf den modernen Karten nicht entscheiden." In einer Anmerkung zu diesen Ausführungen statuiert er - offenkundig gegen Jirku - : "Der Tell mezraʿa ist für Šbtn zu weit von Ḳitša entfernt." Kurios bleibt freilich, daß Alts "*tell emʿīn*", der Sturm am ehesten für die Lokalisierung von Šabtuna in Frage zu kommen scheint, ganz sicher identisch ist mit dem *Tall Maʿyān* und d.h. Jirkus *Tall al-Mazraʿa*. Woher Alt die Form mit dem prosthetischen ʾalif, also *ʾemʿīn* statt *maʿyān*, hat, ist mir bisher verborgen geblieben; vielleicht haben bei ihm transjordanische Dialektformen eingewirkt.

besonders stark die Mittel- und Spätbronzezeit. Auch Eisenzeitliches und Römisches fehlten nicht. Drittens ist zu beachten, daß der *Tall Maʿyān* auf der direkten Marschlinie aus der Flur von Aranama (*Hirmil*, Nr. 26) nach Qadeš gelegen ist, wobei ich von der freilich nicht erweisbaren Annahme ausgehe, daß das Gebiet von Aranama sich bis auf das Ostufer des Orontes erstreckt hat. Und viertens ist zu berichten, daß Bauern an der Orontesfurt bei *Rabla*, also 9 km südöstlich von *Tall Maʿyān*, uns versichert haben, es gäbe flußaufwärts, also weiter westlich, noch zwei weitere Furten. Wie eingangs[36] mitgeteilt, gelang es uns aus Zeitmangel nicht, diese Übergänge zu erreichen und zu lokalisieren; einer von beiden könnte sehr wohl mit der "Furt südlich der Stadt Šabtuna" identisch sein, zumal der Orontes hier noch nicht ins alluviale Schwemmland im Bereich des Sees von *Ḥimṣ* eingetreten ist und sein Bett nicht wesentlich verändert haben dürfte. Mit dieser Lokalisierung von Šabtuna würden auch die Richtungsangaben in den ägyptischen Texten übereinstimmen.

Mit einer letzten Erwägung sei diese Frage abgeschlossen: ungefähr 8 km südlich von *Tall Maʿyān*, der m.E. die materielle Hinterlassenschaft von Šabtuna in sich birgt, bemerkten wir bei *Bēt Ḫīra* (*2186:2771*; Nr. 28), d.h. noch auf libanesischem Boden, einen riesigen Erddamm, wahrscheinlich mit Steinfundament, über den der Orontes in mehreren Armen herabfließt, also einen kleinen Katarakt bildet. Der Damm ist ohne Zweifel von Menschenhand hergestellt. Wir konnten aber bei einer kurzen Begehung keine Anhaltspunkte für eine Datierung finden. Vielleicht hat er die Funktion der Wasserstauung und ist ganz rezent, vielleicht ist er in Zusammenhang zu sehen mit der römischen Festung auf dem Ostufer, dem *Tall al-Ḫīra* (*2194:2770*; Nr. 29). Es ist aber auch nicht völlig ausgeschlossen, daß er sehr viel älter ist, und daß der Übergang über den Fluß schon hier erfolgte. Doch ist diese Frage sekundärer Art.

Helck geht auch auf Alt-Qadeš ein, also auf den Ort, in dem oder hinter dem die hethitischen Truppen verdeckt in Bereitschaft standen[37]. Und in seiner bereits erwähnten Skizze zur 1. Phase der Qadeš-Schlacht[38] hat er unweit nordöstlich von *Tall Nabī Mind* ein kleines Quadrat eingetragen und dazu die Legende gesetzt "hethitisches Lager". Das ist topographisch fast zutreffend. Er geht aber nicht auf die Frage der Identifizierung dieses Alt-Qadeš und sein Verhältnis zu Qadeš (*Tall Nabī Mind*) ein. Alt-Qadeš

---

[36] S. 9.

[37] Beziehungen, 202; vgl. Gardiner B 26 und 52.

[38] Ebda. S. 201.

ist m.E. zu lokalisieren in der oben[39] erwähnten *Safīnat Nūḥ* (*2260:2923*, 3 km nordnordöstlich von *Tall Nabī Mind*), einer rechteckigen, 500 x 600 m messenden und von Erdwällen eingefaßten Anlage. Sie ist, wie der bronzezeitliche Scherbenbelag zeigt, kein römisches Lager[40], sondern derselben Gruppe von Wallanlagen zuzuweisen wie Hazor und Qaṭna, wenn auch die Ausmaße bescheidener sind. Albright und Yadin haben diese Anlagen in unmittelbaren Zusammenhang mit den Hyksos und ihren Streitwagenkorps gebracht. Aber Parr hat m.E. überzeugend dargelegt, daß die These in dieser Ausschließlichkeit nicht vertreten werden kann und daß sich dieser kontinuierlich aus der Glacistechnik anatolischer Vorläufer des 3. Jahrtausends v.Chr. entwickelt hat[41]. Außerdem sind mir bei wiederholten Besuchen auch Scherben der älteren Mittelbronzezeit begegnet, während nach den freilich nicht sehr ausgedehnten Grabungen von M.Pézard in den frühen zwanziger Jahren die Geschichte des *Tall Nabī Mind* nicht hinter die Spätbronzezeit zurückreicht. Und wenn erneute Sondierungen kein anderes Ergebnis bringen sollten, dann wäre sicher, daß Alt-Qadeš mit der *Safīnat Nūḥ* gleichzusetzen ist. Diese Lokalisierung würde ausgezeichnet zu den erwähnten ägyptischen Texten passen.

---

[39] S. 10.

[40] So K.Galling, ZDPV 70, 1954, 103.

[41] Vgl. Parr, The Origin of the Rampart Fortifications; ferner zum Thema: Wright, Tell el-Yehūdīya and the Glacis; ders., Iran and the Glacis.

REPORT ON A PREHISTORIC SURVEY OF THE NORTHERN BIQĀ^c

By Ingrid Azoury

In September 1972, A.Kuschke, S.Mittmann and U.Müller from the Biblisch-Archäologischen Institut, Tübingen, carried out a survey of the northern *Biqāᶜ* and invited me to join their team[1]. During this period my efforts were concentrated on the western flank of the northern *Biqāᶜ* in order to investigate the distribution of Prehistoric sites in this region. Permission for carrying out this research was granted by Emir Maurice Chehab for which I am most grateful as well as for the help and assistance offered by R.Saidah and S.Ghadban. I would also like to thank L.Copeland for her valuable comments on the manuscript.

The *Biqāᶜ* is a 'graben' which lies approximately 1000 m above sea level. It is limited on the east by the Anti-Lebanon ranges and on the west by the Lebanese mountains. The most northern part of this 'graben' opens to the *Ḥimṣ* plain and enjoys a dry steppe climate. The area on which the survey concentrated extends from the town of *Baᶜalbak* to *al-Quṣēr* and is approximately 56 km long and 12 km wide. The only major river that flows through this part of the *Biqāᶜ* is the *Nahr al-ᶜĀṣī* with its numerous sources north-east of *Baᶜalbak*.

During the last fifteen years Prehistoric research has been carried out in this area by M.Tallon (1958 and 1959), H.Fleisch (1966), L.Copeland and P.Wescombe (1966), L.Copeland (1969), J.Besançon and F.Hours (1968), D.Kirkbride (1969) and H.Schroeder (1970) to mention only a few. The result that may be deduced from their publications show that cultural phases belonging to the end of the Upper Palaeolithic, Pre-Pottery and Pot-

[1] This survey was financed by the Sonderforschungsbereich 19, 'Tübinger Atlas für den Vorderen Orient', of the University of Tübingen.

tery Neolithic as well as subsequent phases do exist in the northern *Biqāᶜ*. But at the same time they also indicate that there is at present no conclusive evidence of Lower, Middle or early Upper Palaeolithic material in this region.

Since summer 1969 and subsequent years the surveys of H.Schroeder have been concentrated mainly on the eastern part of the *Biqāᶜ*, therefore it was decided to investigate the western flank in order to give a wider picture of the distribution of Prehistoric sites in this part of the 'graben'.

During three weeks spent in the field 45 sites were investigated of which 39 are unstratified and six are tells. Having identified the site, only a small sample of representative pieces was collected[2]. These should indicate, if only to a limited extend, the quantity and quality of the actual deposit. Unstratified surface sites with pottery and tells are published by A.Kuschke et al. above. Therefore, any flint assemblages belonging to such sites and analysed below can only furnish additional but not decisive information.

All Prehistoric sites, of which 42 are suitable for publication, have been given a site number and their precise location may be established by the co-ordinates of the topographic map series of the 'Direction des Affaires Géographiques et Géodésiques' in Beirut. When available, maps of scale 1:20 000 were used, otherwise those of 1:50 000.

ANALYSES OF THE COLLECTIONS

1. *al-Quṣēr* South *(2159:2810)*

On the right side of the road leading from *Hirmil* to *al-Quṣēr*, retouched pieces, debitage and rolled flint, scattered on Quaternary gravel. Number of specimens 17.

Retouched pieces: simple end-scrapers on flakes (2); bec on flake (1); straight, oblique or concave truncated flakes and bladelet (6); notched (Clactonian) flake (1); Levallois point with retouch in secondary patina (Abb. 52:1) (1).

Chopping tool: on a pebble, heavily rolled (1).

Cores and Core preparation pieces: flake cores with one platform (3); discoidal core (1); core fragment (1); crested bladelet (1).

Blanks: blade fragment (1).

---

[2] Unless stated otherwise the specimens are of flint. The locations of the sources which supplied the raw material are unknown.

Rolled pieces: collected with the above specimens; including one plunging flake from a Levallois flake core; two specimens have facetted butts (9).

Though the number of specimens is small, the retouched pieces are those that are usually found on Shepherd Neolithic sites (Fleisch, 1966, p. CCXLII). The truncated bladelet, the blade fragment and the discoidal core have very sharp edges and appear to be of a later phase. No pottery was found.

2a. *Ḫirbat Ḫanzīra* North *(2208:2770)*

North of *Ḫirbat Ḫanzīra* scattered retouched flint, debitage and rolled pieces on a Neogene surface. Number of specimens 64.

Retouched pieces: simple end-scraper on a flake (1); becs on flakes (2); straight, oblique, convex and concave truncated blades and bladelets (6); straight truncated blade with inverse retouch on one lateral edge (1); notched flakes (3); retouched blades (4).
Cores: flake cores with one platform (4); discoidal core (1); shapeless core (1); core fragments (2).
Blanks: flakes, one has facetted butt (23); blades (9); bladelets (7).
Rolled pieces: these appear to have the same debitage as the analysed material. One specimen has a facetted butt, another a shiny, mauve colour (19).

The above types as well as the cores and blanks indicate a Shepherd Neolithic site. Some of the retouched and unretouched blades and bladelets probably belong to a later phase. No pottery.

2b. *Ḫirbat Ḫanzīra* West *(2206:2770)*

West of *Ḫirbat Ḫanzīra* retouched pieces and blanks scattered on a Neogene surface. Number of specimens 11.

Retouched pieces: circular scraper (1); blades with lateral retouch (2).
Core preparation pieces: crested blade, heavily rolled (1).
Rolled pieces: (2).

Though there are not enough pieces to ascertain to which cultural phase this material belongs, its patina, however, and general appearance resemble that of site 2a very closely and may therefore some Shepherd Neolithic. No pottery.

3. *Bēt Ḥīra* South *(2190:2770)*

On a Neogene surface, south of *Bēt Ḥīra* only a few specimens could be collected. Site may prove to be more prolific. Number of specimens 8.

Retouched pieces: circular scraper (1); bec on flake (1); flake with discontinuous retouch on one lateral edge (1); retouched flake (1).
Cores: bladelet cores with two platforms (2); core fragment (1).
Rolled pieces: one has facetted butt (3).

Due to shortage of time not enough specimens could be collected. The material is Post Palaeolithic and perhaps Shepherd Neolithic. No pottery.

4. *Bēt Ḥīra* South-East *(2190:2763)*

South-East of *Bēt Ḥīra* on the right side of the track from *Hirmil* to *Bēt Ḥīra*, retouched pieces and blanks from a Neogene surface. West of the *Nahr al-ᶜĀṣī*. Number of specimens 7.

Retouched pieces: double (convex) truncated bladelet (1) and double (oblique) truncated blade (1); straight truncated flake with inverse retouch on both lateral edges (1); bladelet with inverse retouch on one lateral edge (1).
Blanks: blade (1); flakes (2).

The material is Post Palaeolithic and judging from the types of retouched pieces perhaps Shepherd Neolithic. No pottery.

5. *Bēt at-Tašm* North *(2195:2760)*

The material was collected from the right side of the track that leads from *Bēt at-Tašm* to the frontier. The site lies east of the *Nahr al-ᶜĀṣī* on a Neogene surface. Number of specimens 56.

Retouched pieces: becs on flakes (3); straight, oblique, convex and concave truncated flakes)6); notched (2 Clactonian, 2 retouched) flakes (4); denticulated flake (1); simple straight side-scraper on flake (1).
Blanks: flakes, one with facetted butt (12); blades (3); bladelets (15).
Cores and Core preparation pieces: flake core with two platforms (1); bladelet core with one platform (1); multi-directional bladelet core (1); core fragments (5); crested bladelets (2); rejuvenation bladelet (1).
Rolled pieces: (3).

In spite of the strong bladelet element, the retouched pieces comprise mainly truncations and becs which are associated with the Shepherd Neolithic. No pottery.

6. *Buwēḏa* North-East *(2145:2767)*

North-east of *Buwēḏa* scattered flints were collected from a Neogene surface. The site lies on the right side of the road leading from *Hirmil* to *al-Quṣēr*. West of the *Nahr al-ʿĀṣī*. Number of specimens 20.

Retouched pieces: flat-nosed end-scraper on flake (1); burin on a natural surface on a flake fragment (1); burin on a concave truncation on a flake (1); simple end-scraper in secondary patina / inverse oblique truncation on flake (1); bec on flake (1); piercer on a flat pebble (Abb. 52:2) (1); oblique and convex truncated flakes (4); simple convex side-scraper on flake (1); blade fragment retouched on one lateral edge (1).

Cores: flake cores (one with facetted platform) (2); blade cores with one platform (facetted) (2); discoidal cores (Abb. 52:3) (2); bladelet core with one platform (1).

Blanks: flake fragment (1); blade (1).

Rolled pieces: three specimens have facetted butts (13).

The retouched pieces resemble those of other Shepherd Neolithic assemblages. Both the flat-nosed end-scraper and the burins are technically poor specimens. Blade and flake cores have facetted platforms. The piercer on a pebble has not previously been encountered on Shepherd Neolithic sites. No pottery.

7. *Tall Ḥīra* South *(2180:2760)*

This surface site was found on the right side of the track leading from *Hirmil* to *Bēt Ḥīra*, 1 km south of *Tall Ḥīra* on a Neogene surface. West of the *Nahr al-ʿĀṣī*. Number of specimens 156.

Retouched pieces: simple end-scrapers on flakes, one has facetted butt (Abb. 52:9) (6); end-scrapers on retouched flakes, one has facetted butt (Abb. 52:10) and bladelets (10); carinated end-scraper on flake (Abb. 52:11) (1); simple end-scraper /truncation on flake (Abb. 52:8) and blade fragment (2); burin on an oblique truncation on a bladelet (Abb. 52:13) (1); transverse burin on a retouched edge on a plunging bladelet (Abb. 52:15) (1); burin on a straight truncation /piercer on a flake (1); ogival end-scraper / piercer on a flake (1); bec / truncation on a flake or bladelet (2); piercers on flakes and bladelets (Abb. 53:8) (8); becs on flakes and blades (9); straight, oblique and convex truncated flakes and bladelets (6); double truncations (oblique / oblique, straight / oblique, oblique / concave) on blades and bladelet (4); straight, oblique, convex and concave truncated flakes (Abb. 52:12) and bladelets (Abb. 53:3) with retouched edge (6); double (oblique / convex) truncated bladelet with retouched edge (Abb. 53:6); straight and oblique truncated bladelets with large denticulation on lateral edges (sickle blades) (Abb. 53:5,7) (6); straight and oblique (Abb. 53:4) truncated bladelets with abrupt backing on one lateral edge (3); notched (Clactonian) flakes, crested blade and bladelet fragments (Abb. 52:14) (6); large denticulation on lateral edges of flakes and bladelet fragments (3); strangulated bladelet fragment in secondary patina (1); splintered piece on blade (1); alternate retouch at base of flake fragment (1); inverse retouch at base of flake fragment (1); bladelet fragment with fine retouch on both lateral edges (2).

Microburin technique: proximal microburin (Abb. 53:1) (1) and distal microburin (Abb. 53:2) (1).

Cores and Core preparation pieces: all are bladelet cores with one platform (Abb. 52:6) (4) and two platforms (Abb. 52:7) (1); flanc of pyramidal bladelet core (1); flanc of bladelet core (2); crested blade (heavily rolled) and bladelet (2).

Blanks: flakes of which two have facetted butts (2); blades, four with facetted butts (17); bladelets, two have facetted butts (Abb. 52:4,5) (39).

Technique: burin spall of uncertain type (1).

Rolled pieces: three specimens have facetted butts (26).

The analysed material is clearly distinguishable from the rolled specimens, of which one has pot-lid fractures, by having fresh edges and a different patina of dark grey instead of brown. Though the lamellar element is very marked, based on the large denticulation on two of the sickle blade fragments (Abb. 53:5,7) and the piercer (Abb. 53:8) part of the collection may well be Néolithique Ancien or Moyen (Dunand, 1961, 81-82; Cauvin, 1968, 70-72.100-104, and Copeland, 1969, 87). The rolled material resembles the Shepherd Neolithic of other sites. No pottery.

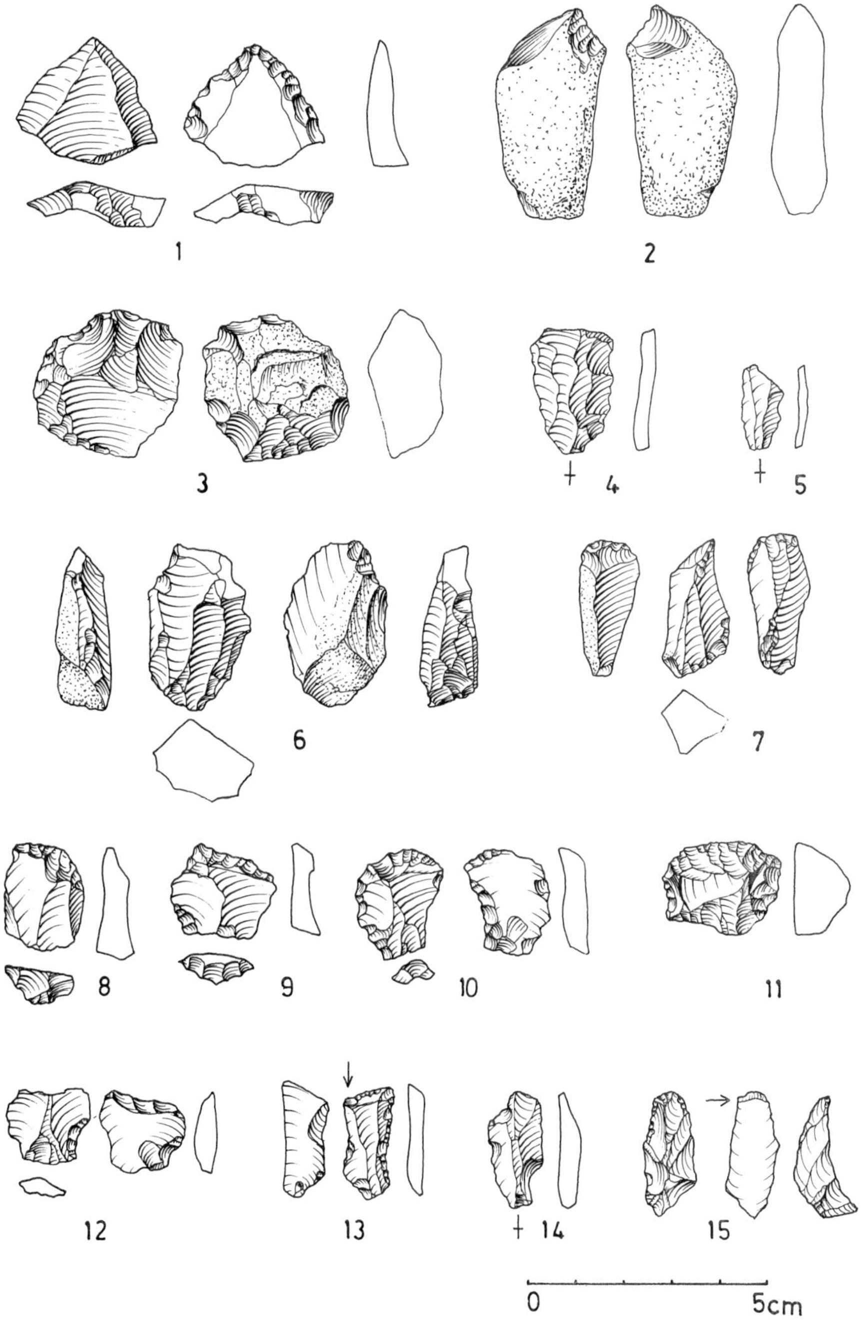

Abbildung 52

8. *Tall Ḥīra* South-East *(2184:2758)*

Scattered flints on a Neogene surface on the right and left side of the path, south-east of *Tall Ḥīra*, west of the *Nahr al-ʿĀṣī*. Number of specimens 19.

Retouched pieces: simple end-scrapers on flake and blade fragment (2); flat-shouldered end-scraper on blade (1); straight and convex truncated flake and bladelet (2); bladelet fragment with notch (1); bladelet fragment with inverse retouch on one lateral edge (1).

Core and Core preparation pieces: bladelet core with one platform (1); core tablet from a bladelet core (1); crested bladelet (1).

Blanks: flakes (2); blade fragments (5); bladelet fragments (2).

Rolled pieces: (7).

The material appears to consist of at least two elements, possibly Shepherd Neolithic based on the end-scrapers and some of the rolled pieces, and a later phase with marked bladelet influence. No pottery.

9. *Bēt at-Tašm* East *(2190:2746)*

The collection comes from a Neogene surface east of *Bēt at-Tašm*, on the right side of the road leading from *Hirmil* to *Bēt at-Tašm* and south of the underground aquaduct. Number of specimens 25.

Retouched pieces: flat-shouldered end-scraper on a plunging blade fragment (1); piercer on a flake and flake fragment (2); bec on a flake fragment (1); straight and concave truncated flakes and bladelets (4); bladelet fragment with inverse retouch on one lateral edge (1).

Cores: flake core with one platform, heavily rolled (1); bladelet core with one platform, facetted (1).

Blanks: flakes, one with facetted butt (8); blade fragments (2); bladelet fragments (4).

Rolled pieces: (16).

According to the above types the material appears to be Shepherd Neolithic. No pottery.

10. *Tall al-Fār (2133:2741)*

West of *Tall al-Fār*, on a Neogene surface scattered flints. Number of specimens 28.

Retouched pieces: end-scraper on a retouched flake with facetted butt (1); bec on flake fragment (1); burin on a concave truncation (1); straight and oblique truncated blade and flake (2); double (oblique / straight) truncated flake (1); bladelet fragment with notch (1); denticulated flake (1); flake with inverse retouch on one lateral edge (1).

Cores: flake cores with one platform, two are facetted (4); blade core with facetted platform (1); bladelet cores with one platform (2); shapeless cores (2).

Blanks: flake fragments, one with facetted butt (4); blade fragments (4); bladelet fragments (2).

Rolled pieces: one has facetted butt (11).

Taking into consideration the bladelet core and a flake fragment which seem to have fresher edges than the rest of the material, the majority of retouched pieces and cores indicate a Shepherd Neolithic. No pottery.

11. *Ḫirbat Busēbis* West *(2162:2737)*

The material was collected west of *Ḫirbat Busēbis* on the right side of the track leading from *Hirmil* to *Bēt Ḥīra*; a Neogene surface, west of the *Nahr al-ʿĀṣī*. Number of specimens 32.

Retouched pieces: simple end-scraper on flake fragment (1); end-scraper on a retouched flake (1); straight and concave truncated flakes (3); straight truncated flake, retouched on one lateral edge and facetted butt (Abb. 53:9) (1); double (oblique / convex) truncated flake (1); bec on a flake (1); notched blade and bladelet (2); denticulated flake (1); simple straight side-scraper on a flake (1); blade and flake retouched on one lateral edge, one has facetted butt (2).

Cores: flake cores with one platform, two are facetted (3); blade core with one platform (1); bladelet cores with one and two platforms (2); shapeless core (1).

Blanks: pseudo Levallois point (1); flake fragments (5); bladelet fragments (5).

Rolled pieces: one has facetted butt (7).

With the exception of one blade core which appears to belong to a later phase, retouched pieces and cores are of Shepherd Neolithic variety. No pottery.

12. *Tall al-Fār* East *(2150:2740)*

Scattered flints on a Neogene (?) surface, east of the track leading from *Šuwāġir* to *al-Quṣēr*. Number of specimens 28.

Retouched pieces: simple end-scraper on flake fragment (1); piercers on small flakes (Abb. 53:10); straight, oblique and convex truncated flakes and bladelet, one has a facetted butt (3); denticulated blade fragment (1); blade fragment (1); blade fragment with fine retouch on one lateral edge (1).

Cores: blade cores with one platform, one is facetted (Abb. 53:11) (2); bladelet cores with one platform (3); shapeless core (1).

Blanks: flakes (5); blades (2); bladelets (6).

Rolled pieces: (4).

The retouched pieces and especially the piercers as well as part of the cores appear to be Shepherd Neolithic. However, at least one of the bladelet cores and one flake fragment have a different patina and fresher edges. No pottery.

13. *2160:2724*

The collection was made on a Neogene surface opposite *Šuwāġir*, east of the *Nahr al-ʿĀṣī*, on the left side of the road leading from *Hirmil* to *Bēt at-Tašm*. Number of specimens 17.

Retouched pieces: circular scraper (1); simple end-scraper / truncation on a flake (1); bec on flake fragment (1); piercer on a flake (Abb. 53:12) (1); concave truncated flake fragment (1); bladelet with inverse retouch on one lateral edge (1).

Cores: flake cores with one platform (3).

Blanks: flakes (5); bladelet fragments (3).

Rolled pieces: one has facetted butt (6).

Although there is little material, the types of cores and retouched specimens appear to be Shepherd Neolithic. No pottery.

14. *Hirmil* "Old Mosque" *(2114:2726)*

Scattered flints on an uncultivated field north-east of the Old Mosque. Number of specimens 5.

Cores: flake core with one platform (1); bladelet cores with one platform (2).

Blanks: flakes (2).

Post Palaeolithic. Pottery present.

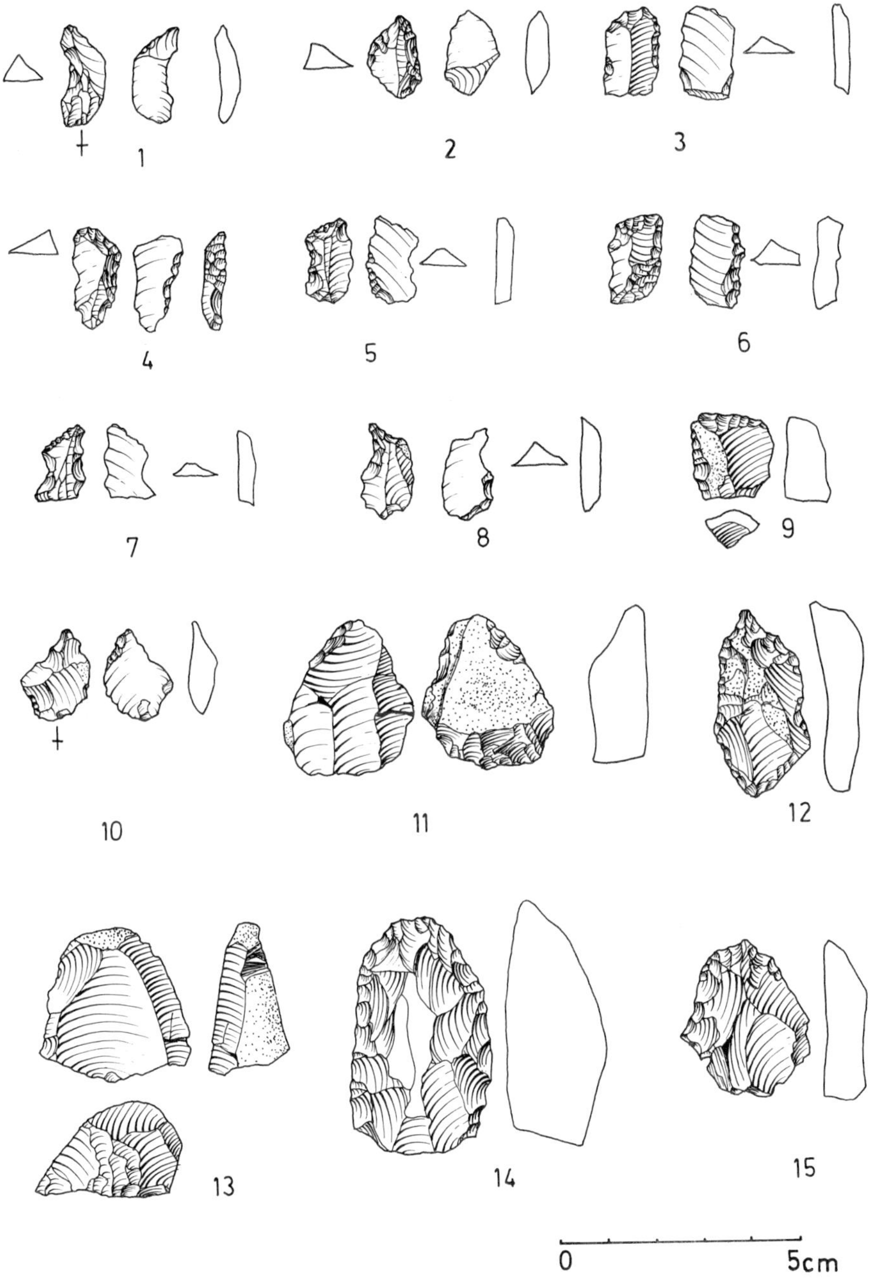

Abbildung 53

15. *2125:2712*

Scattered flints on an uncultivated, stony field, south-east of *Hirmil*. Number of specimens 10.

Retouched pieces: straight and concave truncated flake and blade fragment (2); bec on flake fragment (1).
Cores: flake cores of which one has a facetted platform (2).
Blanks: flakes, one has facetted butt (4); blade (1).
Rolled pieces: (4).

The cores resemble those of the Shepherd Neolithic sites. However, there are rather a few specimens for determination. No pottery.

16. *2105:2712*

The collection was made on a southern slope of the foot-hills south of *Hirmil*. Number of specimens 64.

Retouched pieces: simple end-scrapers on flake fragments (Abb. 53:15) (4); piercers made on flakes (Abb. 54:4); piercers / truncations on flakes (2); concave truncated flake (Abb. 54:6); double (straight / straight) truncated flake (Abb. 54:3 (1); straight truncated bladelet with abrupt backing (?) (1); concave truncated flake with abrupt backing (Abb. 54:2) (1); straight truncated blade fragment with large denticulation on lateral edge (sickle blade ?) (Abb. 54:5) (1); straight truncation on a plunging blade fragment with large denticulation on both lateral edges (sickle blade ?) (Abb. 54:1) (1); bladelet fragment with denticulated edge (1); flakes with a retouched or Clactonian notches (3); double convex convergent side-scraper on thick flake (Abb. 53:14) (1); bladelets (Abb. 54:7), of which one has minute silica sheen, and flakes with fine and semi-abrupt retouch on one lateral edge (4).
Cores and Core preparation pieces: Levallois point core (sharp edges) (Abb. 53:13) (1); flake cores with one platform (2); bladelet cores, one pyramidal (5); shapeless core (1); core fragments (7); rejuvenation flake (1).
Blanks: pseudo Levallois point (1); flakes, one with facetted butt (16); blade (5); bladelets (2).

Based on the large denticulation of the sickle blade fragments (?), the collection appears to be Néolithique Ancien or Moyen. All specimens have fresh edges, even the Levallois point core. No pottery.

17. *2118:2705*

Collection from an uncultivated field, north of *Wādī Dabbūr*, south-east of *Hirmil*. Number of specimens 72.

Retouched pieces: simple end-scraper on flake (Abb. 54:12) (1); double end-scraper on flake, white patinated (1); end-scraper on a retouched flake fragment (1); piercers on flakes and on crested blade (Abb. 54:11) (4); becs on flakes (3); burin on a straight truncation / piercer on flake fragment (Abb. 54:10) (1); bec / truncation on flakes (2); multiple carinated burin on flake fragment (1); straight, oblique and convex truncated flakes and bladelets (6); double (straight / concave) truncated bladelet with notch in secondary patina (1); oblique truncated bladelet with fine denticulation on one lateral edge (sickle blade) (Abb. 54:8) (1); concave truncated (in secondary patina) flake with retouch on both lateral edges (1); straight truncated bladelet with retouched edge (1); oblique and straight truncated flake fragments with retouch on both lateral edges (3); splintered pieces (2); flake and bladelet fragments with retouched and Clactonian notches (5); blade fragment with alternate retouch (Abb. 54:9) (1); bladelet fragments with inverse retouch on one lateral edge (5); blade and bladelet fragment with semi-abrupt retouch on one lateral edge (3); flake with alternating retouch on one edge and continuous direct retouch on the other (1).

Cores: flake cores, one heavily rolled, with one platform (2); flake cores with two platforms (2); blade cores with one platform, facetted (2); bladelet core, pyramidal (1); bladelet cores with two platforms (2); shapeless cores (3); core fragment (1).

Blanks: flakes, three with facetted butts (6); blades (4); bladelets (12).

Rolled pieces: (18).

Based on the majority of the retouched as well as the rolled pieces, the collection appears to be Shepherd Neolithic. However, the truncated bladelet with fine denticulation (sickle blade) (Abb. 54:8), the piercer (Abb. 54:11), the blade fragment with alternate retouch (Abb. 54:9) and the relative large number of bladelets and bladelet cores indicate that there is an additional phase represented, which could be Néolithique Récent (Dunand, 1961, 81-82; Cauvin, 1968, 128-132, and Copeland, 1969, 98). No pottery.

18. *Rās al-ʿĀṣī* East *(2124:2627)*

East of *Rās al-ʿĀṣī*, on a Neogene surface scattered flints on the left side of the road (*Rās Baʿalbak - Hirmil*). East of the *Nahr al-ʿĀṣī*. Number of specimens 17.

Retouched pieces: simple end-scrapers on flakes and a core tablet (4); simple end-scraper / piercer on flake (1); oblique truncated flake fragments (2); denticulated flake fragment (1); bladelet with inverse retouch on both lateral edges (1).
Cores and Core preparation pieces:flake core, shapeless (1); bladelet cores, one with facetted platform, the other shapeless (2); core fragment (1); core tablet (1).
Blanks: flakes, one with facetted butt (3).

The retouched specimens appear to be Shepherd Neolithic. No pottery.

19. *al-Qāʿ (2205:2665)*

In Quaternary gravels scattered flints, south-east of the frontier station of *al-Qāʿ*. Number of specimens 11.

Retouched pieces: simple end-scrapers on flakes (2); flat-shouldered end-scraper (in secondary patina) on flake (1); bec on bladelet (1); straight and convex truncated flakes and blade (3).
Cores: flake core with facetted platform (1); core fragment (1).
Blanks: flake fragments (2).
Rolled pieces: (4).

The rolled specimens appear to be of Shepherd Neolithic type, but the analysed material with the fresh edges and different patina seems to be of a later phase. No pottery.

20. *2100:2624* (Neogene surface of the *Nahr al-ʿĀṣī*)

Scattered flints on the right and left side of the track leading from *Marāḥ Bēt Yūsuf Ibrāhīm* to *Rās al-ʿĀṣī*, east of the *Nahr al-ʿĀṣī*. Number of specimens 22.

Retouched pieces: straight truncated flakes and blades (3); backed bladelet fragment (1); flake with Clactonian notch (1); blade fragment with retouch on one lateral edge (1).
Cores and Core preparation pieces: flake cores with one platform, one is facetted (2); bladelet cores with one and two platforms (2); core frag-

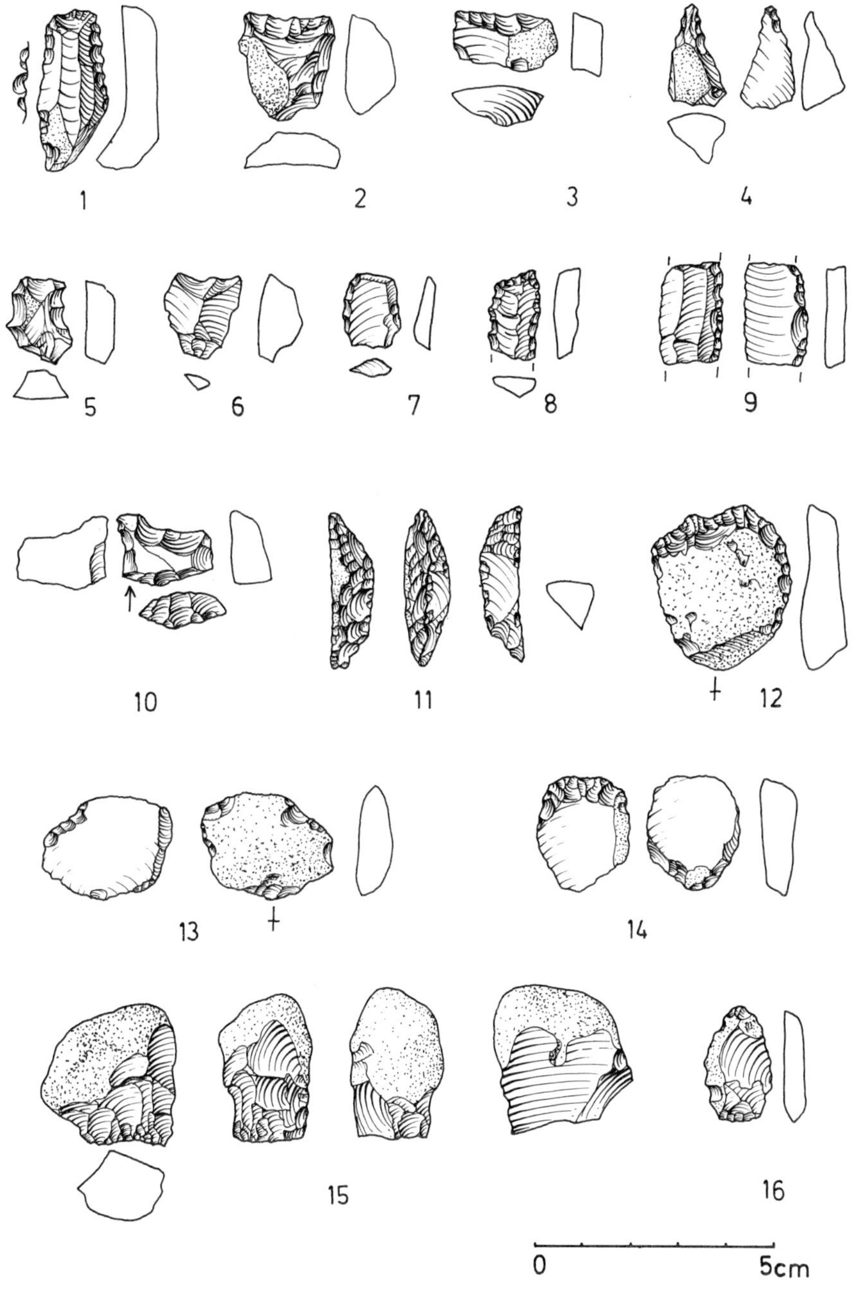

Abbildung 54

ments (2); crested blade (1).

Blanks: flakes, one with facetted butt (7); blades (2).

Rolled pieces: (2).

Based on the bladelet cores, the material is perhaps later than Shepherd Neolithic. Post Palaeolithic. No pottery.

21. *2090:2595* (Neogene surface of the *Nahr al-ᶜĀṣī*)

The material was collected on the right side of the track from *Marāḥ Abyaḍ* to *Marāḥ Bēt Yūsuf Ibrāhīm.* Number of specimens 55.

Retouched pieces: simple end-scrapers on flake (1); becs on small flakes (3); straight truncated small flakes (2); straight truncations on flakes with retouched edges, one is in secondary patina (2); flakes with retouched notches (3); discontinuously retouched flake and blade fragments (2).

Cores: flake cores with one platform (5); discoidal core (1); bladelet cores with one platform (6); shapeless cores (2); blade core in Quarzite (Abb. 55:1) (1).

Blanks: flakes, of which two have facetted butts (10); blades, one of them is a plunging blade. It is large and long (13 cm x 4 cm x 2.3 cm) and correspondends in patina and material to the illustrated blade core mentioned above (1); bladelets (6).

Rolled pieces: (9).

The majority of the specimens are Shepherd Neolithic with the exception of the large blade core and the long blade which seem not to fit into the rest of the collection, but recall the Heavy Neolithic of the southern *Biqāᶜ* (Fleisch, 1954, 565; Cauvin and Cauvin, 1968, 103; Copeland, 1969, 97). No pottery.

22. *Marāḥ Abyaḍ* North *(2086:2583)*

On the right side of the track leading from *Marāḥ Abyaḍ* to *Marāḥ Bēt Yūsuf Ibrāhīm*, scattered flints. East of the *Nahr al-ᶜĀṣī*. Number of specimens 14.

Retouched pieces: bec / truncation on flake (1); oblique truncated flake (1); flake fragment with notch and facetted butt (1).

Cores: flake cores with one platform (2); bladelet cores, one platform (2).

Blanks: flakes (4); blade fragments (2); bladelet (1).

Rolled pieces: (7).

Post Palaeolithic and probably later than Shepherd Neolithic. No pottery.

23. *Marāḥ Abyaḍ* South-East *(2086:2567)*

South of the track leading from the railway line to *Marāḥ Abyaḍ* and east of the *Nahr al-ᶜĀṣī*, scattered flints. Number of specimens 7.

Cores: flake core with facetted platform (1); flake core with plain platform (1); core fragment (1).
Blanks: flakes, all are small (3); bladelet fragment (1).

Post Palaeolithic. No pottery.

24. *Marāḥ Abyaḍ* South *(2073:2557)*

Scattered flints south of the track leading from the railway line to the *Nahr al-ᶜĀṣī*. East of the *Nahr al-ᶜĀṣī*. Numbers of specimens 3.

Blanks: flake (1).
Rolled pieces: one of them is a plunging flake (2).

Post Palaeolithic. No pottery.

25. *Tall Ḥaql al-Ǧāmiᶜ (2076:2557)*

North of *az-Zīrī*, found by Kuschke, Mittmann and Müller. Number of specimens 4.

Cores: bladelet core on flake (1).
Blanks: flakes two of which are in dark-red flint, not found on other sites (3).

Post Palaeolithic. Pottery present.

26. *az-Zīrī* North *(2079:2548)*

West of the railway line and east of the *Nahr al-ᶜĀṣī*, scattered flints. Number of specimens 19.

Retouched pieces: straight, oblique and convex truncated flake and blade fragments (4); double (oblique / convex) truncated flake fragment (1); straight and oblique truncated blade with large denticulation on one lateral edge (sickle blade) (1); straight and oblique truncated blade with large denticulation on one lateral edge (sickle blade ?) (1); denticulated core fragment (1).
Cores: flake core with one facetted platform (2); discoidal core (1);

bladelet cores with one platform (2); core fragment (1).
Blanks: flakes (6); bladelets (2).
Rolled pieces: (3).

Though there are few more specimens, the sickle blade with large denticulation on the lateral edges might indicate a Néolithique Ancien or Moyen. No pottery.

27. *az-Zīrī (2079:2542)*

Scattered flints on a small hillock surrounded by cultivated fields. Number of specimens 7.

Retouched pieces: bladelet with straight truncation (1); flake fragment with Clactonian notch (1); flake with one denticulated edge (1).
Cores: flake core shapeless, heavily rolled (1); core fragments (2).
Blanks: flakes (2); blade (1).
Rolled pieces: (3).

Post Palaeolithic. No pottery.

28. *Zabūd (2055:2546)*

Scattered flints on an uncultivated field, 500 m east of *Zabūd* on the left side of the road leading from *Ǧabbūla* to *Zabūd*. Number of specimens 19.

Retouched pieces: simple end-scrapers on flakes (Abb. 54:14) (3); dihedral burin on a flake, the burin facet is on a natural surface (1); burin on a straight truncation (Abb. 54:13) (1); straight truncated bladelet (Abb. 54:16) (1); flake retouched on both lateral edges (1).
Cores: flake cores with one facetted platform (5); flake core with one plain platform (1); shapeless flake core (1); blade core with one platform (1); bladelet core with one platform (Abb. 54:15) (2).
Blanks: flake (1).
Rolled pieces: one has facetted butt (12).

Though the patina and raw material is different from those of the other Shepherd Neolithic sites, the retouched pieces and cores resemble Shepherd Neolithic. No pottery.

29. *Ǧabbūla (2064:2540)*

Scattered flints from the ancient cemetery. Number of specimens 3.

Retouched pieces: blade with an oblique truncation (1).
Cores: bladelet core on flake (1).
Blanks: flake (1).

Post Palaeolithic. No pottery.

30. *Tlinta (2066:2521)*

In cultivated field, on small hillock with stony surface and thin cover of earth, scattered flints. Found by Kuschke, Mittmann and Müller. Number of specimens 6.

Retouched pieces: flake with oblique truncation and sickle sheen (sickle blade) (1); blade fragment with large denticulation and minute amount of silica sheen (sickle blade) (1); blade fragment with fine denticulation (sickle blade) (1).
Cores: bladelet core with secondary patina (1).
Blanks: flake (1); bladelet fragment (1).

Based on the sickle blades with large and fine denticulation, the material of *Tlinta* is probably not earlier than Néolithique Moyen. Pottery present.

31. *Taufīqīya* West *(2029:2483)*

The collection was made west of geodesic point 991 and 1,5 km west of the *Baʿalbak - Ḥimṣ* road. Number of specimens 97.

Retouched pieces: simple end-scrapers on flakes (3); end-scraper on a retouched flake (Abb. 55:8) (1); flat-nosed end-scraper on a flake (1); becs on flakes (6); piercers on large flakes (Abb. 55:4) and small flakes (Abb. 55:6) (7); simple end-scraper / bec on flake (1); piercer / truncation on flakes (Abb. 55:3) (2); straight, convex and concave truncated flakes (5); convex truncated flakes with retouch on one lateral edge (2); double truncated flake fragment (Abb. 55:5) (1); blade fragment with medium- sized denticulation and silica sheen (sickle blade) (Abb. 55:7) (1); denticulated flake (1); notched flake fragments (2); flake with inverse retouch on one lateral edge (1); flake and blade fragments retouched on both lateral edges, two have facetted butts (4); flake fragment with retouch on one lateral edge (1).
Cores: flake cores with one facetted platform (4); flake core with two plain platforms (1); discoidal cores (2); bladelet core with one plain platform (Abb. 55:2) (1); shapeless cores (3); core fragment (1).
Blanks: flakes of which two have facetted butts (20); blade fragments (8);

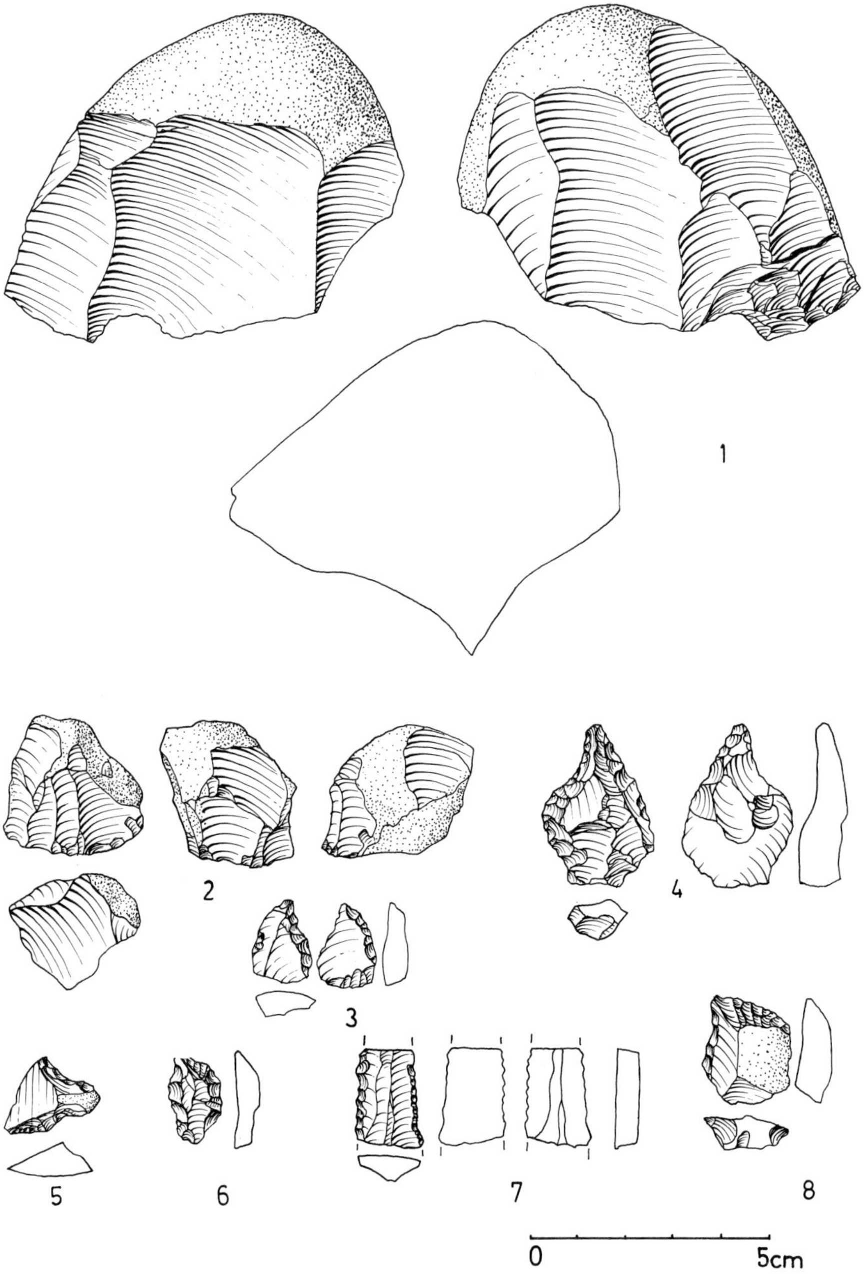

Abbildung 55

bladelet fragments (4).
Rolled pieces: five have facetted butts (29).

The material consists probably of several cultural phases. The rolled specimens, some of the core types and the bladelet core with pot-lid fractures (rolled specimen) appear to be Shepherd Neolithic. However, the small piercer (Abb. 55:6) recalls the Néolithique Ancien and the sickle blade with medium-sized denticulation (Abb. 55:7) the Néolithique Moyen. Large piercers like (Abb. 55:4) are very frequent during the Néolithique Récent. No pottery.

32. *Tall al-ʿUyūn* North *(2009:2465)*

The *tell* lies 2 km north of *Rasm al-Ḥadaṯ*, 500 m east of the railway line, 1,5 km west of the *Baʿalbak - Ḥimṣ* road. The site was found by Kuschke, Mittmann and Müller. Number of specimens 13.

Retouched pieces: oblique truncated bladelet (1); double truncated blade fragment (Abb. 56:7) (1); abruptly backed blade with large denticulation and sickle sheen (sickle blade) (Abb. 56:5) (1); blade fragment with fine denticulation and silica sheen (sickle blade) (Abb. 56:6) (1); notched flake fragment (1); denticulated flake (1); inverse retouch on one lateral edge of a core rejuvenation flake (1).
Cores: fragment (1).
Blanks: flake fragments (2); blade fragment (1); bladelet fragments (2).

Apart from the sickle blade with fine denticulation, characteristic for the Néolithique Récent, and the abruptly backed sickle blade with large denticulation may be either Néolithique Ancien or Moyen. The double truncated blade fragment, of Cananaean width, indicates that part of the collection is probably Chalcolithic (Cauvin, 1968, 182). Pottery present.

33. *Tell al-ʿUyūn (2007:2463)*

The *tall* lies 2 km north of *Rasm al-Ḥadaṯ* and approximately 500 m east of the railway track. The site was found by Kuschke, Mittmann and Müller. Number of specimens 62.

Retouched pieces: end-scraper on a retouched flake (Abb. 56:1) (1); oblique truncated flake, blades and bladelet (4); abruptly backed sickle blades (Abb. 56:4), one of which has silica sheen (Abb. 56:3) (2); simple convex side-scraper in secondary patina on a Levallois blade (Abb. 56:2) (1); denticulated flakes (2); flake retouched on one lat-

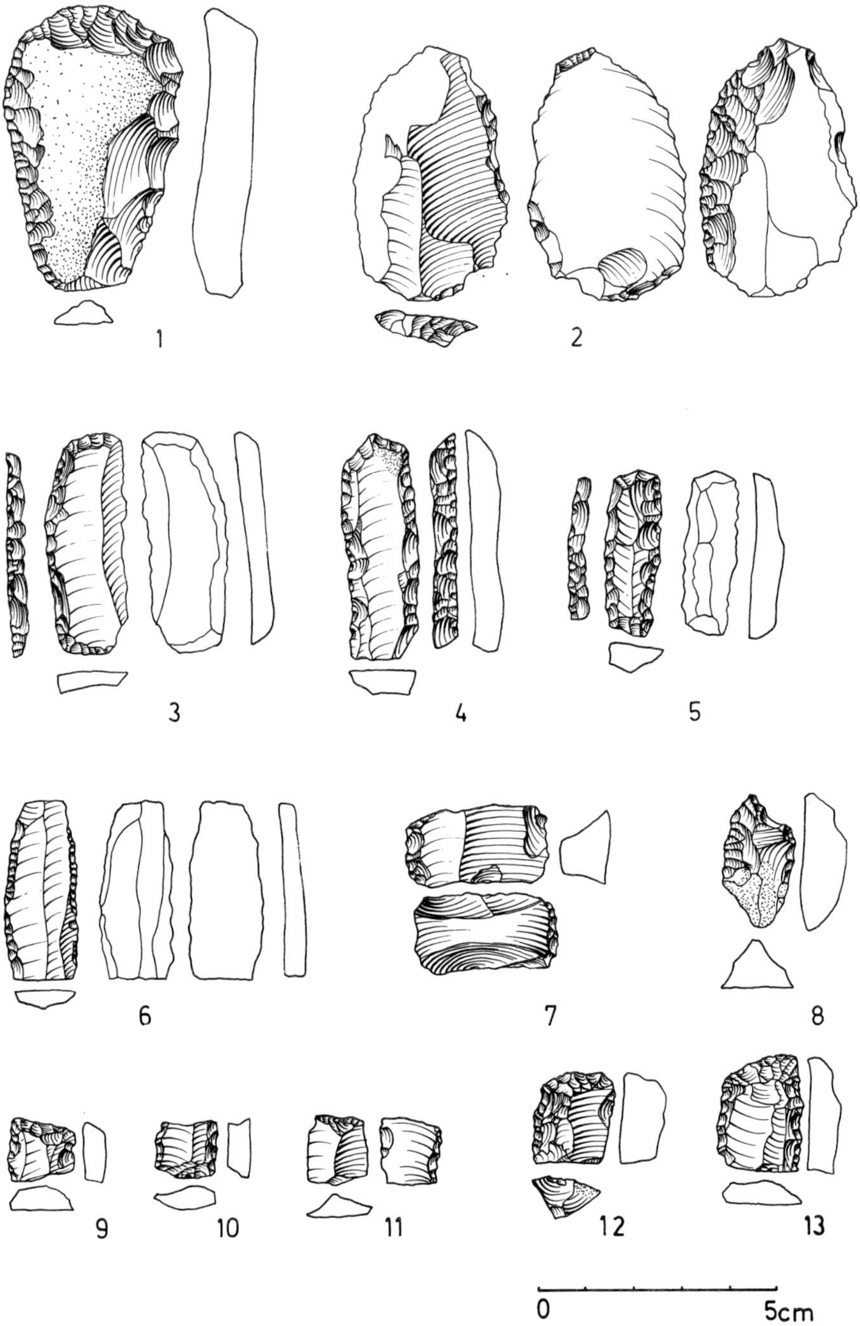

Abbildung 56

eral edge (1).

Cores and Core preparation pieces: flake cores with one platform (2); bladelet cores with one platform (5); core fragments (3); core tablets (3); rejuvenation flakes (2).

Blanks: flakes, three have facetted butts (30); blades (6).

Based on the abruptly backed sickle blade without denticulation as well as the end-scraper on a retouched flake and the side-scraper, the earliest phase to which this material can be attributed is Néolithique Récent. Pottery present.

34. *Tall al-ʿUyūn* East *(2011:2461)*

Hillock east of *Tall al-ʿUyūn*. This is a surface site with the material scattered over the whole hillock, but larger concentration on the southern slope. Number of specimens 72.

Retouched pieces:

flat-shouldered end-scrapers on flakes (Abb. 58:3) (2); becs on flakes (Abb. 56:8) (6); piercers on flakes (Abb. 58:1) (2); straight, oblique convex and concave truncated flakes, blades and bladelets (9); oblique truncated flake with abrupt backing (Abb. 56:12) (2); concave truncated flake, retouched on one lateral edge (1); straight truncated bladelet with inverse retouch on one lateral edge (Abb. 56:11) (1); oblique truncated blade with abrupt backing on one lateral edge and semi-abrupt retouch on the other edge, sickle blade fragment (Abb. 56:13) (1); straight truncated bladelet with abrupt backing on one lateral edge and fine retouch on the other (Abb. 56:10) (1); oblique truncated bladelet with large notch on one lateral edge and fine retouch on the other (Abb. 56:9) (1); notched flakes (5); denticulated flake (1); splintered piece (1); flake and bladelets with retouch on one lateral edge (3); blade with alternate retouch (1).

Adze: polished, with plano-convex section and straight working edge (Abb. 57:2) (1).

Chopping-tool / Hammerstone: Quarzite nodule adapted as chopping-tool as well as hammerstone (Abb. 57:1) (1).

Cores and Core preparation pieces: discoidal core, previously a Levallois flake core (Abb. 58:5) (1); bladelet cores with one platform (Abb. 58:2,4) (10); blade cores with one platform (2); shapeless bladelet core (1); core fragment (1); plunging flake (1); rejuvenation flakes (2).

Blanks: flakes, nine have facetted butts; blades (8); bladelets (7).

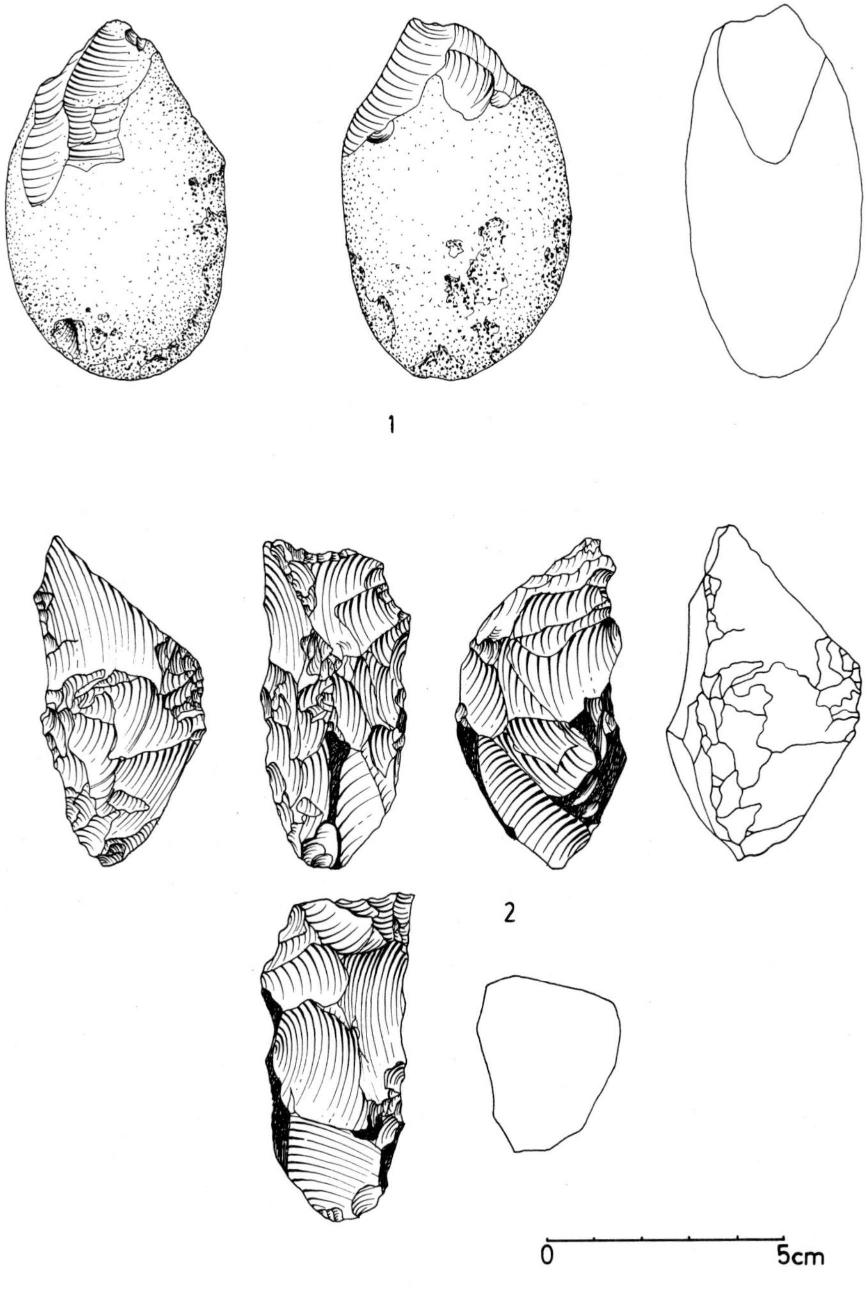

Abbildung 57

According to the axe and the piercer the collection appears to be Néolithique Récent. However, such a specimen as the discoidal core may belong to the Néolithique Ancien or Moyen also. The site was probably the knapping place of *Tall al-ᶜUyūn*. Pottery fragments are present.

35. *Tall al-ᶜUyūn* South-East *(2009:2459)*

Scattered flints on hillock south-east of *Tall al-ᶜUyūn*. Number of specimens 27.

Retouched pieces: circular scraper (1); simple end-scraper / piercer on flake (1); piercers on flakes (2); straight truncated flake with alternate retouch on lateral edges (1); notched flakes (2); bladelet fragment with alternate retouch on both lateral edges (1); flake fragment retouched on one lateral edge (1).
Cores: blade core in state of preparation with two platforms (1); bladelet cores with one platform (3); core fragment (1).
Blanks: flakes (10); blades, one has facetted butt (4); bladelets (2).
Rolled pieces: (8).

The retouched pieces as well as the rolled specimens resemble those of Shepherd Neolithic sites. The blade core may be of a later phase. No pottery.

36. *Tall Maṯḥana (2005:2443)*

The *tall* lies 500 m west of the *Baᶜalbak* - *Ḥimṣ* road, at *Rasm al-Ḥadaṯ*. Found by Kuschke, Mittmann and Müller. Number of specimens 25.

Retouched pieces: simple end-scrapers on flake fragments (2); flat-shouldered end-scraper on flake (1); bec on core tablet (1); piercer on flake (1); straight and concave truncated flakes (5); oblique truncated blade with one denticulated edge (1); blade fragment with large denticulation on one lateral edge and silica sheen (sickle blade) (1); notched flake and blade (2); simple straight side-scraper (1); blade fragment with partial, abrupt backing on one lateral edge (1).
Cores: flake cores with one platform(2); bladelet cores with one platform (2); core fragments (4).
Blanks: flakes (35); blades (2); bladelets (2).

Based on the sickle blade with large denticulation, part of the collection from *Tall Maṯḥana* may well be Néolithique Ancien or Moyen. Pottery present.

37. *Tall an-Naba*ʿ *(2006:2440)*

The *tall* lies west of the *Baʿalbak - Ḥimṣ* road at *Rasm al-Ḥadaṯ*. Mentioned by Jirku (1933), Kuschke (1954), Copeland and Wescombe (1966, 81) as *Tall Rasm al-Ḥadaṯ*. Number of specimens 61.

Retouched pieces: bec on flake (1); piercers on flakes (Abb. 58:6) (2); straight, oblique and concave truncated flakes (3); denticulated flake fragments (2); notch in secondary patina on flake fragment with sporadic silica sheen on bulbar surface (1).
Cores: flake core with one platform (1); blade core with one platform (1); core fragments (2).
Blanks: flakes (8); blades (3); bladelet (1).

Though the above analysed specimens are rather few, the piercers, however, may suggest the presence of Néolithique Récent material. Pottery present.

38. *Tall al-ʿAin (1968:2434)*

The *tall* lies at cote 976, south-east of *Šaʿat*, on the left side of the *Baʿalbak - Šaʿat* road and the east side of the railway line. The site is listed by Copeland and Wescombe (1966, 78) as Tell Naba'a Chaate. Number of specimens 37.

Retouched pieces: straight and concave truncated flakes, blade and bladelet (4); straight truncated flake with retouch on one lateral edge (1); backed bladelet with straight truncation and large denticulation (1); backed blade fragment (1); denticulated flakes (3).
Cores: blade core (1); bladelet cores with one platform (8); shapeless core (1).
Blanks: flakes (15); blade (1); bladelet (1).
Rolled pieces: (2).

Post Palaeolithic. Pottery present.

39. *Tall al-ʿAin* South *(1967:2434)*

Scattered flints on a cultivated field, approximately 100 m south-west of *Tall al-ʿAin*. Number of specimens 39.

Retouched pieces: piercers on flake and blade (2); bec on flake (1); straight and oblique truncated flake and blade fragments (4); double (straight / oblique) truncated flake (1); oblique truncated flake with silica sheen (sickle blade) (1); flake fragments with large denticula-

tion on one lateral edge (3); bladelet fragment with large denticulation and silica sheen (sickle blade) (1); notched flake fragments (5).
Cores and Core preparation pieces: flake cores with one platform (3); blade cores with one platform (2); bladelet cores with one or two platforms (3); core fragments (2); core tablet (1); plunging flake (1).
Blanks: flakes (8); blade (1).

Post Palaeolithic. No pottery.

40. *Rīḥā* Station South-West *(1939:2419)*

The site is a small hillock south-west of *Rīḥā* station, at the left side of the *Maqna* - *Rīḥā* track and on the right side of the *Kunēsa* - *Šaᶜat* track, scattered flints. Found by Kuschke, Mittmann and Müller. Number of specimens 13.

Retouched pieces: denticulated end-scraper on flake (1); double (convex / concave) truncated bladelet (1); notched flakes (4).
Blanks: flakes (4); blade fragments (2); bladelet (1).

Post Palaeolithic. Pottery present.

41. *Kunēsa* North *(1919:2416)*

On the left side of the *Kunēsa* - *Šaᶜat* track, 1 km north of *Kunēsa*, scattered flints among outcrops of rocks. Number of specimens 48.

Retouched pieces: simple end-scrapers on a flake (Abb. 58:8) (1); thick-shouldered end-scraper on a flake (1); bec on flake (1); straight, oblique and concave truncated flake fragments (8); blade fragment with medium-sized denticulation on both lateral edges and silica sheen (sickle blade) (Abb. 58:7) (1); notched flakes (3); flake fragment with fine retouch on one lateral edge (1); blade fragment with inverse retouch on both lateral edges (1).
Cores: flake cores with one platform (3); discoidal core (1); bladelet core with one platform (1); shapeless core (1); core fragments (5).
Blanks: flakes (18); bladelet (1).
Rolled pieces: two have facetted butts (8).

Based on the sickle blade with medium-sized denticulation and silica sheen, the above specimens resemble those from Néolithique Moyen collections. No pottery.

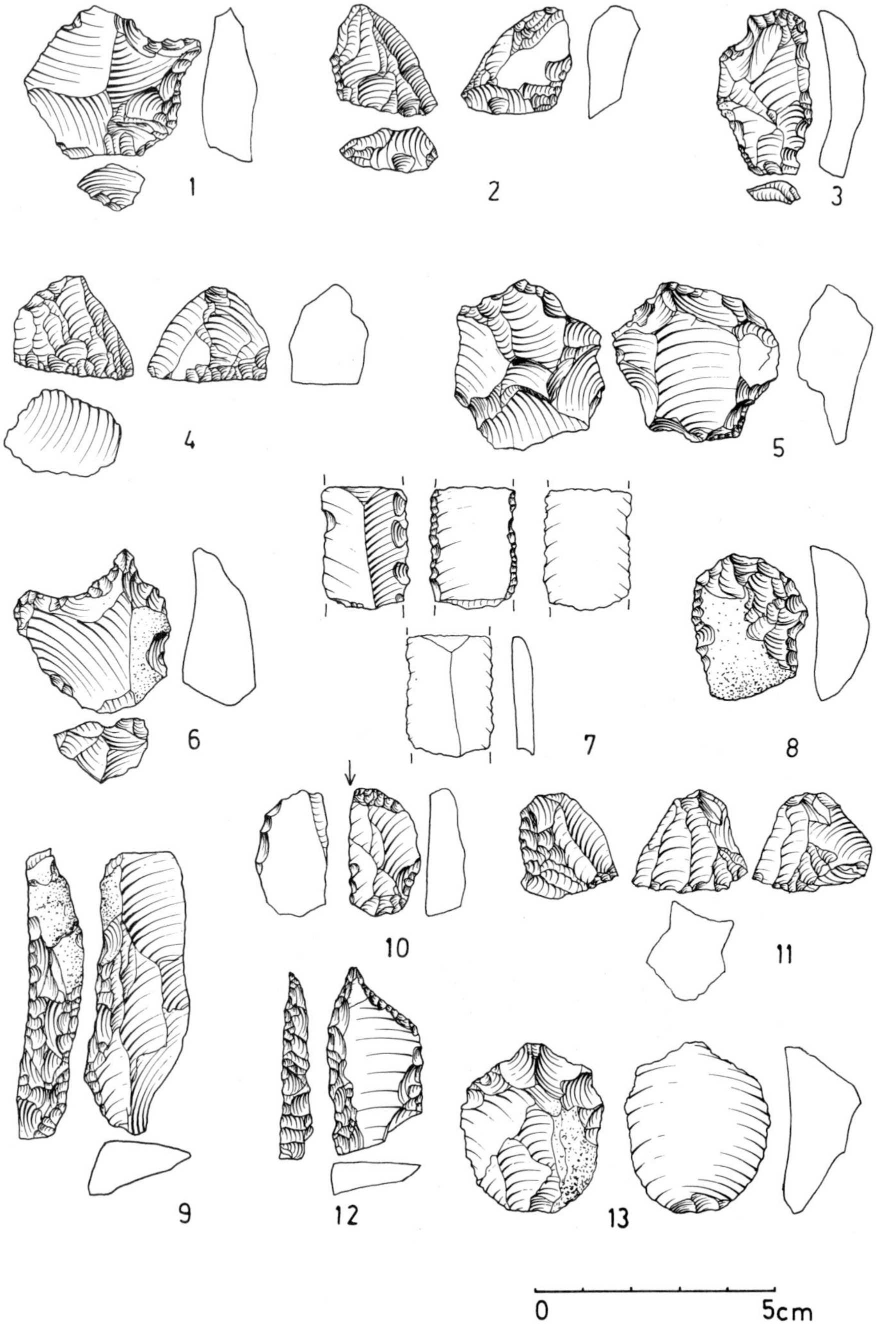

Abbildung 58

42. *Yūnīn* West *(1981:2385)*

West of *Yūnīn*, on the right side of the road leading from *Yūnīn* to the *Baʿalbak - Ḥimṣ* road, a shallow occupation site. Found by Kuschke, Mittmann and Müller. Number of specimens 106.

Retouched pieces: simple end-scraper on flake fragment (1); end-scrapers on retouched flakes and blade (3); denticulated end-scraper /truncation on flakes (Abb. 58:13) (2); becs on flake fragments (2); piercers on retouched blade fragment or bladelet (Abb. 58:12) (2); simple end-scraper / burin on a convex truncation on a flake fragment (Abb. 58:10) (1); blade fragment with partial backing (bifacially) (Abb. 58:9) (1); straight, oblique and concave truncated flakes, blades and bladelet fragments (6); flake and blade fragments with large denticulation on one lateral edge (3); notched flakes (2); flake fragment with abrupt retouch on both lateral edges (1); flake fragment with semi-abrupt retouch on both lateral edges (1); blade fragment with semi-abrupt retouch on one lateral edge (1); flake fragment with fine retouch on one lateral edge (1).

Cores and Core preparation pieces: flake cores with one platform (4); blade cores with one platform (3); bladelet cores, one is pyramidal (Abb. 58:11) (6); core fragments (6); crested blade (1); plunging flake and blade (2); rejuvenation blade (1).

Blanks: flakes (44); blades (2); bladelets (4).

Taking into consideration the denticulated end-scraper on a truncated flake, the piercer and the partially backed blade, the collection is probably mainly Néolithique Récent. Pottery present.

CONCLUSIONS

From the above analyses it is apparent that the material of the 42 sites discussed falls into a variety of cultural phases namely: Shepherd Neolithic, Néolithique Ancien, Moyen and Récent. In addition to these there are a few collections which are too small to permit any identification beyond the fact that the flints found are Post Palaeolithic.

Shepherd Neolithic Sites

By far the largest number of sites yielded specimens belonging to the Shepherd Neolithic complex, Fleisch (1966), Copeland and Wescombe (1966), Besançon and Hours (1968) and Schroeder (1970).
With the Syrian border marking roughly their most northern distribution and the region of *Douris* and *Qalʿat Tannūr* the most southern one (Copeland and Wescombe, 1966, 50), the majority of Shepherd Neolithic assemblages are found unstratified on the Neogene surface of the northern *Biqāʿ*. Exceptions are the site of *Wādī Faʿrūna* where the material appears to be embedded in an old glacis (Besançon and Hours, 1968, 83) and a cave north of *Baʿalbak* which contains a Shepherd Neolithic phase, probably in a redeposited form (Schroeder, 1970, 195.199). The exact size and boundaries of the surface sites could never be established since apparently the material is scattered over wide areas. Nevertheless, the large parts of the Neogene surface of the northern *Biqāʿ* are free from such deposits so that some form of boundaries may exist.
The raw material from which the cores, blanks and tools were made, seems to have come from different provenances as yet unidentified (Fleisch, 1966, p. CCXLI). The numerous small-sized specimens point not only to extreme use of the raw material but also to the possibility that the original size of the cores, perhaps on Neogene gravel pebbles, was probably not very large either.
Some of the raw material appears to have received heat treatment prior to knapping. This is indicated by the shiny flaking scars on cores, blanks and retouched pieces in contrast with the original but dull surface. Another, possibly natural form of thermal alteration are pot-lid fractures that occur on a few specimens.
The main difficulty in the analyses of Shepherd Neolithic assemblages is the fact that among the collected material a very large number of pieces are heavily rolled or retouched by the feet of grazing animals. However, once these specimens are removed from the collections there remains a fair number of flints that show intentional retouch.
The most frequent types are simple end-scrapers (Abb. 52:9), truncated flakes (Abb. 52:12), piercers of which (Abb. 52:2) is an exception, backed flakes, blades and burins (Abb. 54:13) turn up occasionally. The debitage consists mainly of small, thick flakes which at times have facetted butts (Abb. 52:9,10). Cores show a minimum of preparation, though crested blades do occur. That the Levallois technique was intermittently

used may be seen in the Levallois flake cores with facetted platforms and even a Levallois point core was collected (Abb. 53:13). On the average, however, the discoidal cores are more numerous than the Levallois flake cores.

Since the Shepherd Neolithic assemblages so far have either come from unstratified sites or if stratified have not yet been excavated, their chronological position and their relation to other cultural phases have remained indetermined. Even the possibility that they are mixtures of several phases cannot be ruled out. Certainly Shepherd Neolithic elements have been collected together with specimens of an obviously later phase. This difference cannot only be seen in the retouched pieces and debitage but also in the varied patina, use of raw material and the freshness of the edges which single out specimens that may belong to the Néolithique Ancien, Moyen and Récent or even later phases[3]. Although some of the Shepherd Neolithic sites are in the vicinity of tumuli and megaliths of the northern *Biqāʿ* (Tallon, 1958 and 1959), there is no data available to establish any relationship between them. Likewise, there are apparently no connections with the Pre-Pottery Neolithic phase of Saayideh (Hours, 1969) or with the material from *tilāl* of the surrounding area (Copeland and Wescombe, 1966; Copeland, 1969; Kirkbride, 1969).

Finally, it should be pointed out that neither the technique of pressure flaking nor pottery fragments have ever been encountered on purely Shepherd Neolithic sites and so far only one lustered sickle blade has been identified (Schroeder, 1970, 199).

Néolithique Ancien, Moyen and Récent Sites

Pottery Neolithic assemblages are generally interpreted on the basis of their pottery contents rather than on the accompanying flint assemblages, since identification of stone tools with respect to their cultural and chronological significance are apparently not yielding satisfactory results. In the case of surface collections without pottery, determination as to cultural and chronological relationships, which are entirely based on the typology of flints, must remain on a suggestive basis rather than a conclusive one.

---

[3] See sites: *al-Quṣēr* South (1); *Ḫirbat Ḫanzīra* North (2a); *Tall Ḥīra* South (7); *Tall Ḥīra* South-East (8); *Tall al-Fār* (10); *Ḫirbat Busēbis* West (11); *Tall al-Fār* East (12); site 17; *al-Qāʿ* (19); site 21; *Taufīqīya* West (31); *Tall al-ʿUyūn* South-East (35); *Kunēsa* North (41).

Among the collections from the surface sites of *Tall Ḥīra* South (7), site 16, *az-Zīrī* North (26), *Taufīqīya* West (31), *Tall al-ʿUyūn* East (34) and the surface material from *Tall Maṭḥana*[4] (36) retouched pieces and cores have been identified that are most frequently found in the Néolithique Ancien or Moyen phase of Byblos (Cauvin, 1968, 70-72.100-104) and the *Nabaʿ Faour* phase of the *Biqāʿ* (Copeland, 1969, 87). At Byblos the Néolithique Ancien consists of pressure-flaked arrow-heads, axes, chisels and sickle blades with large denticulation (Cauvin, 1968, 45-95). None of the above mentioned sites yielded such types except sickle blade fragments with large denticulation which were recovered from *Tall Ḥīra* South (Abb. 53: 5,7), site 16 (Abb. 54:5) and *Tall Maṭḥana*. The small piercers from *Tall Ḥīra* South (Abb. 53:8) and from *Taufīqīya* West (Abb. 55:6) as well as the discoidal core from *Tall al-ʿUyūn* East (Abb. 58:5) recall similar specimens from *Hashbai* and *Nabaʿ Faour*, *Biqāʿ tilāl* with Néolithique Ancien material (Copeland and Wescombe, 1966; Copeland, 1969, 87).
In the absence of any trace of pottery, flints of types most frequently found in the Néolithique Moyen of Byblos were gathered from the surface sites of *Tlinta* (30), *Taufīqīya* West (31) and *Kunēsa* North (41). The Néolithique Moyen phase is also known from numerous *tilāl* of the central *Biqāʿ* (Copeland and Wescombe, 1966; Copeland, 1969, 93-97), the most northern being *Tall Arḍ Tulēla* (Kirkbride, 1969). At Byblos the flint assemblage includes pressure-flaked arrow-heads, axes, chisels, occasional piercers and sickle blades with mainly fine and medium-sized denticulation and less often with large denticulation (Cauvin, 1968, 127-175). Though *Tlinta*, *Taufīqīya* West (Abb. 55:7) and *Kunēsa* North (Abb. 58:7) yielded sickle blades similar to those of Byblos, none of the sites produced any axes, chisels or arrow-heads. In this connection, however, it should be pointed out that for example no projectile points were found at *Arḍ Tulēla* either. However, a large number of two-pointed baked clay sling missiles (Kirkbride, 1969, 54).
There exist in the southern *Biqāʿ* surface sites without pottery which have flint assemblages related to the Néolithique Moyen (Fleisch, 1954, 565; Cauvin and Cauvin, 1968, 103; Copeland and Wescombe, 1966; Copeland, 1969, 97). The assemblages contain axes, chisels, pics, cores and blanks and some of them are called Heavy Neolithic (Fleisch, 1954, 565) because of the large size of the individual specimens. In contrast to them the

---

[4] One tanged arrow-head was found and dated on the basis of the pottery to Early Bronze (Copeland and Wescombe, 1966, 81).

retouched pieces and the debitage of the Shepherd Neolithic sites are much smaller. Therefore the core (Abb. 55:1) and the plunging blade from site 21, east of the *Nahr al-ʿĀṣī*, rather recall the Heavy Neolithic of the southern *Biqāʿ* than the Shepherd Neolithic assemblages of the north.

Apart from the Shepherd Neolithic sites those belonging to the Néolithique Récent are the second most numerous sites that were encountered during the survey. *Tall Rasm al-Ḥadaṯ* North (32), *Tall al-ʿUyūn* (33) and *Tall Nabaʿ* (37) as well as surface sites like site 17, *Taufīqīya* West (31), *Tall al-ʿUyūn* East (34) and *Yūnīn* West (42) appear to have material belonging to this phase. Up till now Néolithique Récent sites were known to exist only in the southern and central *Biqāʿ*, most of them being *tilāl*. At Byblos the flint assemblage of this phase includes transverse arrow-heads, sickle blades with fine denticulation, abruptly backed blades and flakes, elongated axes and numerous piercers (Cauvin, 1968, 127-175). None of the relevant sites of the northern *Biqāʿ* furnished any transverse arrow-heads and only one adze was found on the surface site of *Tall al-ʿUyūn* East (Abb. 57:2). However, sickle blades with fine denticulation occured on the surface sites of site 17 (Abb. 54:8) and *Rasm al-Ḥadaṯ* North (Abb. 56:6), where the majority of the assemblage included specimens of Chalcolithic appearance (Abb. 56:5,7). During the Néolithique Récent large piercers are very frequent at Byblos (Cauvin, 1968, 159-160). In the northern *Biqāʿ* such piercers were encountered on the surface sites of site 17 (Abb. 54:11), *Taufīqīya* West (Abb. 55:4), *Yūnīn* West (Abb. 58:12) and *Tall an-Nabaʿ* (Abb. 58:6). Finally, sickle blades with fine denticulation, especially characteristic of this phase for the southern *Biqāʿ* *tilāl* (Copeland and Wescombe, 1966; Copeland, 1969, 99) are present in the collections from *Tall al-ʿUyūn* (Abb. 56:4) and the surface site of *Yūnīn* West (Abb. 58:9).

Summarizing the above results, it has been confirmed that Lower and Middle Palaeolithic complexes are absent from the area of the *Biqāʿ* which has been surveyed. No Pre-Pottery Neolithic sites could be identified either, because they apparently either occur on higher grounds such as the slopes of the Lebanese Mountains and the Anti-Lebanon, or are found below ground level (Hours, 1969).
The most numerous sites encountered were those with Shepherd Neolithic assemblages, mainly situated on the Neogene surfaces north of *Labwa*. Several Shepherd Neolithic sites also contain material clearly belonging to later phases, perhaps Néolithique Ancien, Moyen or Récent.

Sickle blade fragments with large denticulation were collected west of the *Nahr al-ᶜĀṣī*, opposite *Bēt aṭ-Ṭašm* and those with fine denticulation just south of *Hirmil*. However, sickle blades with silica sheen were only found as far north as *Tlinta* (30) and never in connection with purely Shepherd Neolithic complexes.
At least one heavy Neolithic site may have existed in the northern *Biqāᶜ*, site 21, but the sample is too small for satisfactory comparison with relevant sites of the south.
Arrow-heads are conspicuously absent from *tilāl* and surface sites visited and even axes seem to be rather scarce.
Prior to this survey Néolithique Récent sites were unknown in the northern *Biqāᶜ*. But apparently they do exist as far north as *Hirmil*. However, Néolithique Récent assemblages are more frequent south of *Labwa* where they have been found not only on *tilāl* but also on surface sites.

SUMMARY

(FOR PAGES 1-116)

The survey reported here had originally been planned as preliminary archeological field research for TAVO map B III 3: "Palestine and Syria during the Egyptian and Hittite Hegemony". It was particularly intended to clarify the historical topography of the battle of Qadesh as well as the direction of the troop advancement of Ramses II. The survey was to have extended from *Tall Nabī Mind* and its surrounding area to the watershed between the valley of the Orontes and the Leontes, i.e., up to the ridge northwest of *Baʿalbak*. The political situation in the summer of 1972 forced us, however, to limit our research to Lebanese territory.

Between July 7-30 and on October 9, 1972, the four authors of this volume examined 31 ancient sites. By intensively collecting and sorting sherds, they were able to identify a total of 86 different occupations on these sites: 1 Neolithic, 6 Chalcolithic, 10 Early Bronze Age, 14 Middle Bronze Age, 14 Late Bronze Age, 12 Iron Age, 8 Hellenistic and 21 Roman-Byzantine. The more important earlier settlements were concentrated at the three oases of *Rasm al-Ḥadaṯ (200:244)*, *Labwa (207:250)* and *Hirmil (211:272)*. Hardly any settlements other than some from the Roman-Byzantine and later periods were found in the valley faults and the alluvial fans at the foot of the mountain ranges on both sides of the valley. Aside from a few well known remnants of Canaanite origin such as *Baʿalbak*, *Maqna*, *Labwa* and *Hirmil*, systematic questioning of the native population in regard to the names of places, regions and springs produced only Arabic toponyms. This is not surprising if one considers that the whole length of the *Biqāʿ* Valley was heavily traveled for thousands of years. In contrast to the virtually inaccessible mountainous regions, it was open to foreign influence.

An introductory or summarizing view of the survey results can be acquired by examining the maps dealing with the main phases of cultural development in the Near East.

ABKUERZUNGEN

ÄA	Ägyptologische Abhandlungen
BAH	Bibliothèque archéologique et historique
BMB	Bulletin du Musée de Beyrouth
BSPF	Bulletin de la Société Préhistorique Française
BTS	Beiruter Texte und Studien
BWAT	Beiträge zur Wissenschaft vom Alten Testament
BWZKM	Beihefte zur Wiener Zeitschrift für die Kunde des Morgenlandes
CAH II,1	The Cambridge Ancient History, Vol. II, Part 1, 1973
COWA	Chronologies in World Archaeology, ed. by R.W. Ehrich, 1971[4]
FF	Forschungen und Fortschritte
HThR	Harvard Theological Review
MDAIK	Mitteilungen des Deutschen Archäologischen Instituts, Abteilung Kairo
MUSJ	Mélanges de l'Université St. Joseph, Beyrouth
PJB	Palästinajahrbuch
SBA	Saarbrücker Beiträge zur Altertumskunde
WM	Wörterbuch der Mythologie
ZDMG	Zeitschrift der Deutschen Morgenländischen Gesellschaft
ZDPV	Zeitschrift des Deutschen Palästinavereins

LITERATURVERZEICHNIS

Alt,A., Zur Topographie der Schlacht bei Kades, ZDPV 55, 1932, 1-25.

Alt,A., Noch einmal zur Schlacht bei Kades, ZDPV 66, 1943, 1-20.

Alt,A., Das Stützpunktsystem der Pharaonen an der phönikischen Küste und im syrischen Binnenland, ZDPV 68, 1941, 97-133 = Kleine Schriften zur Geschichte des Volkes Israel III, München 1959, 107-140.

Alt,A., Neue Berichte über Feldzüge von Pharaonen des Neuen Reiches nach Palästina, ZDPV 70, 1954, 33-75.

Amiran, Ruth, Ancient Pottery of the Holy Land, Givatayim - Ramat Gan 1969.

Bélot,J.B., Vocabulaire arab-français, Beirut 1929.

Besançon,J. - Hours,F., Quelques sites préhistoriques nouveaux dans la Béqaa, MUSJ 44, 1968, 77-84.

Besançon,J. - Copeland, Lorraine - Hours,F., L'Acheuléen de Joubb Jannine II, Compte-rendu d'un sondage effectué en 1968, BMB 23, 1970, 9-24.

Besançon,J. - Hours,F., Préhistoire et géomorphologie: les formes du relief et les depôts quarternaires dans la région de Joubb Jannine, Hannon. Revue Libanaise de Géographie 5, 1970, 63-95; 6, 1971, 29-135.

Cauvin,J., Les outillages néolithiques de Byblos et du littoral Libanais, Fouilles de Byblos, Tome IV, Paris 1968.

Cauvin,J. - Cauvin,M.-C., Des Ateliers "Campigniens" au Liban, in: La préhistoire. Problème et tendences. À la mémoire de Raymond Vaufrey, Paris 1968, 103ff.

Cauvin,J., Mèches en silex et travail du basalte au IV. millénaire en Béka, MUSJ 45, 1969, 118-131.

Copeland, Lorraine, Neolithic Village Sites in the South Beqaa, Lebanon, MUSJ 45, 1969, 83-114.

Copeland, Lorraine - Wescombe,P.J., Inventory of Stone-Age Sites in Lebanon, MUSJ 41, 1965, 29-176 (Part One: West-Central Lebanon, 59-176); 42, 1966, 1-174 (Part Two: North, South and East-Central Lebanon).

Dalman,G., Arbeit und Sitte in Palästina I, Gütersloh 1928 (Nachdruck Hildesheim 1964).

Dalman,G., Aramäisch-neuhebräisches Handwörterbuch zu Targum, Talmud und Midrasch, Göttingen 1938^{3}.

Dessau,H., Inscriptiones Latinae selectae II 1, Berlin 1902 (Nachdruck Berlin 1962).

Dunand,M., Rapport préliminaire sur les Fouilles de Byblos en 1957, BMB 16, 1961, 69-73;
en 1958, ib., 75-79;
en 1959, ib., 81-85.

Dunand,M., Fouilles de Byblos, Tome V, Paris 1973.

Dussaud,R., Topographie historique de la Syrie antique et médiévale, BAH IV, Paris 1927.

Edel,E., Die Stelen Amenophis' II. aus Karnak und Memphis mit dem Bericht über die asiatischen Feldzüge des Königs, ZDPV 69, 1953, 97-176.

Eißfeldt,O., Die ältesten Belege für Baʿalbek als Kultstätte, FF 12, 1936, 52ff.

Elliger,K., Die Nordgrenze des Reiches Davids, PJB 32, 1936, 34-73.

Encyclopaedia of Archaeological Excavations in the Holy Land, Givatayim - Ramat Gan 1970.

Faulkner,R.O., The Battle of Qadesh, Festschrift H.Junker, MDAIK 16, 1958, 93ff.

Fleisch,H., Nouvelles stations préhistoriques au Liban, Bulletin de la Société Préhistorique Française 51, 1954, 564ff.

Fleisch,H., Notes de préhistoire Libanaise, Bulletin de la Société Préhistorique Française 63, 1966, 239ff.

Franken,H.J., Analysis of Methods of Potmaking in Archaeology, in: Studies in Memory of P.Lapp, Harvard Theological Review 64, 1971, 227-255.

Gardiner,A.H., The Kadesh Inscriptions of Ramses II, Oxford 1960.

Hachmann,R., Der "mittelbronzezeitliche" Friedhof am Nordhang des Tells [Kāmid el-Lōz], Saarbrücker Beiträge zur Altertumskunde 4, Bonn 1970, 51-57.

Hachmann,R., Zur Siedlungskunde der Biqāʿ, Saarbrücker Beiträge zur Altertumskunde 4, Bonn 1970, 71-86.

Helck,W., Die Beziehungen Ägyptens zu Vorderasien im 3. und 2. Jahrtausend v.Chr., Ägyptologische Abhandlungen 5, Wiesbaden 1971².

Honigmann,E., Historische Topographie von Nordsyrien im Altertum (Schluß), ZDPV 47, 1924, 1-64.

Hours,F., Saayideh et le néolithique pré-poterie du Liban, MUSJ 45, 1969, 31-41.

Jirku,A., Durch Palästina und Syrien. Bericht über eine Forschungsreise im Frühjahr 1929, ZDPV 53, 1930, 136-166.

Jirku,A., Neue Forschungen in Syrien und Palästina, ZDMG 86, 1933, 170-192.

Kirkbride, Diana, Early Byblos and the Beqaʿa, MUSJ 45, 1969, 43-60.

Kittel,R., Studien zur hebräischen Archäologie und Religionsgeschichte, BWAT 1, Leipzig 1908.

Kornerup,A. - Wanscher,J.H., Taschenlexikon der Farben, Zürich - Göttingen 1963.

Krause,G., Lesefunde von Jall Maschnaqa, Saarbrücker Beiträge zur Altertumskunde 4, Bonn 1970, 87-99.

Krencker,D. - Zschietzschmann,W., Römische Tempel in Syrien, Denkmäler antiker Architektur 5, Berlin - Leipzig 1938.

Kuschke,A., Beiträge zur Siedlungsgeschichte der Biqāᶜ, ZDPV 70, 1954, 104-129; 71, 1955, 97-110; 74, 1958, 81-120.

Kuschke,A., Die Biqāᶜ, ihre altorientalischen Siedlungen und Verkehrswege, Saarbrücker Beiträge zur Altertumskunde 3, Bonn 1966, 15-30.

Milik,J.T., Les papyrus araméens d'Hermoupolis et les cultes syro-phéniciens en Egypte perse, Biblica 48, 1967, 546-622.

Mittmann,S., Das südliche Ostjordanland im Lichte eines neuassyrischen Keilschriftbriefes aus Nimrud, ZDPV 89, 1973, 15-25.

Mittmann,S., Chaphargam(ala) bei Heliopolis (Baᶜalbek), ZDPV 91, 1975, 69-76.

Mouterde,R., Antiquités de l'Hermon et de la Beqâᶜ, MUSJ 29, 1951-1952, 21-89 (50-52: ᶜAmîq. Qalᶜat al-Mouḍîq et sanctuaire rupestre).

Parr,P.J., The Origin of the Rampart Fortifications of Middle Bronze Age Palestine and Syria, ZDPV 84, 1968, 18-45.

Qatremère,M.E., Histoire des sultans mamelouks de l'Égypt, Bd. I-II, Paris 1837-1845.

Rey-Coquais,J.-P., Notes de géographie syrienne antique, MUSJ 40, 1964, 287-312 (289-296: La forteresse de Brochoi).

Rey-Coquais,J.-P., Inscriptions Grecques et Latines de la Syrie, Tome VI. Baalbek et Beqaᶜ, BAH 78, Paris 1967.

Robinson,E., Neuere Biblische Forschungen in Palästina, Berlin 1857.

Röllig,W., Artikel Baᶜal Biqᶜāh, in: Wörterbuch der Mythologie I, Stuttgart 1965.

Schneider,H., Die Steinzeitfunde der südlichen Biqāᶜ und ihre geologischen Grundlagen, Saarbrücker Beiträge zur Altertumskunde 4, Bonn 1970, 101-116.

Schroeder,H.B., A Prehistoric Survey in the Northern Bekaa Valley, BMB 23, 1970, 193-204.

Simons,J., Egyptian Topographical Lists, Leiden 1937.

Sturm,J., Der Hettiterkrieg Ramses' II., Beihefte zur Wiener Zeitschrift für die Kunde des Morgenlandes, Heft 4, Wien - Berlin 1939.

Syrie. Répertoire alphabétique des noms lieux habités, dressé et publié par le Service Géographique des F.F.L., Beirut 1945[3].

Tallon,M., Monuments mégalithiques de Syrie et du Liban, MUSJ 35, 1958, 213-234.

Tallon,M., Tumulus et mégalithes du Hermel et la Beqaᶜ Nord, MUSJ 36, 1959, 89-111.

Taylor,G., The Roman Temples of Lebanon. A Pictorial Guide, Chicago 1967.

Wehr, H., Arabisches Wörterbuch für die Schriftsprache der Gegenwart, Wiesbaden 1958[3].

Weippert,M., Die Nomadenquelle, in: Archäologie und Altes Testament, Festschrift für K.Galling, Tübingen 1970, 259-272.

Wild,St., Libanesische Ortsnamen. Typologie und Deutung, Beiruter Texte und Studien 9, Beirut 1973.

Woolley,S.L., Alalakh. An Account of the Excavations at Tell Atchana in the Hatay, 1937-1949, Oxford 1955.

Wright,G.R.H., Tell el-Yehudīya and the Glacis, ZDPV 84, 1968, 1-17.

Wright,G.R.H., Iran and the Glacis, ZDPV 85, 1969, 24-34.

VERZEICHNIS DER TEXTABBILDUNGEN

VERZEICHNIS DER TAFELABBILDUNGEN

A: *Tall Maqna* (Nr. 3) von NO

B: *Tall Maqna* (Nr. 3) von S

A: Cañon bei *Tall Maqna* (Nr. 3). Von S

B: *al-Yammūna* (Nr. 4) von N

A: *Tall al-ʿAin* (Nr. 8) von O

B: *Tall al-ʿAin* (Nr. 8) von O

A: *Tall al-ʿAin* (Nr. 8) von W

B: *Tall Aḥlā* (Nr. 11) von NW

A: *Tall an-Naba*ᶜ (Nr. 12) von NO

B: *Tall Maṯḥana* (Nr. 13) von O

A: *Tall al-ʿUyūn* (Nr. 15) von O

B: *Tall al-ʿUyūn* (Nr. 15) von W

A: *Tall Sūġā* (Nr. 20) von O

B: *Tall Ḥaql al-Ǧāmiʿ* (Nr. 21) von NO

A: *2085:2595* (Nr. 22) von S

B: Oase von *Hirmil* (Nr. 26) von O. Standort bei *Qamūʿat al-Hirmil*

A: Zentrum von *Hirmil* (Nr. 26) von W

B: *Ḫirbat Busēbis* (Nr. 27) von SO

A: *Ḫirbat Busēbis* (Nr. 27). Westmauer. Von NO

B: Orontestal bei *Ḫirbat Busēbis* (Nr. 27). Nach N

A: *Tall Ḥīra* (Nr. 29) von N

B: Mauerwerk (SO-Ecke) auf *Tall Ḥīra* (Nr. 29)

A: Fragment des Votivaltars von *Tall Qaṣr Labwa* (Nr. 18)

B: Lateinische Inschrift des Votivaltars von *Tall Qaṣr Labwa* (Nr. 18)

Karte 2

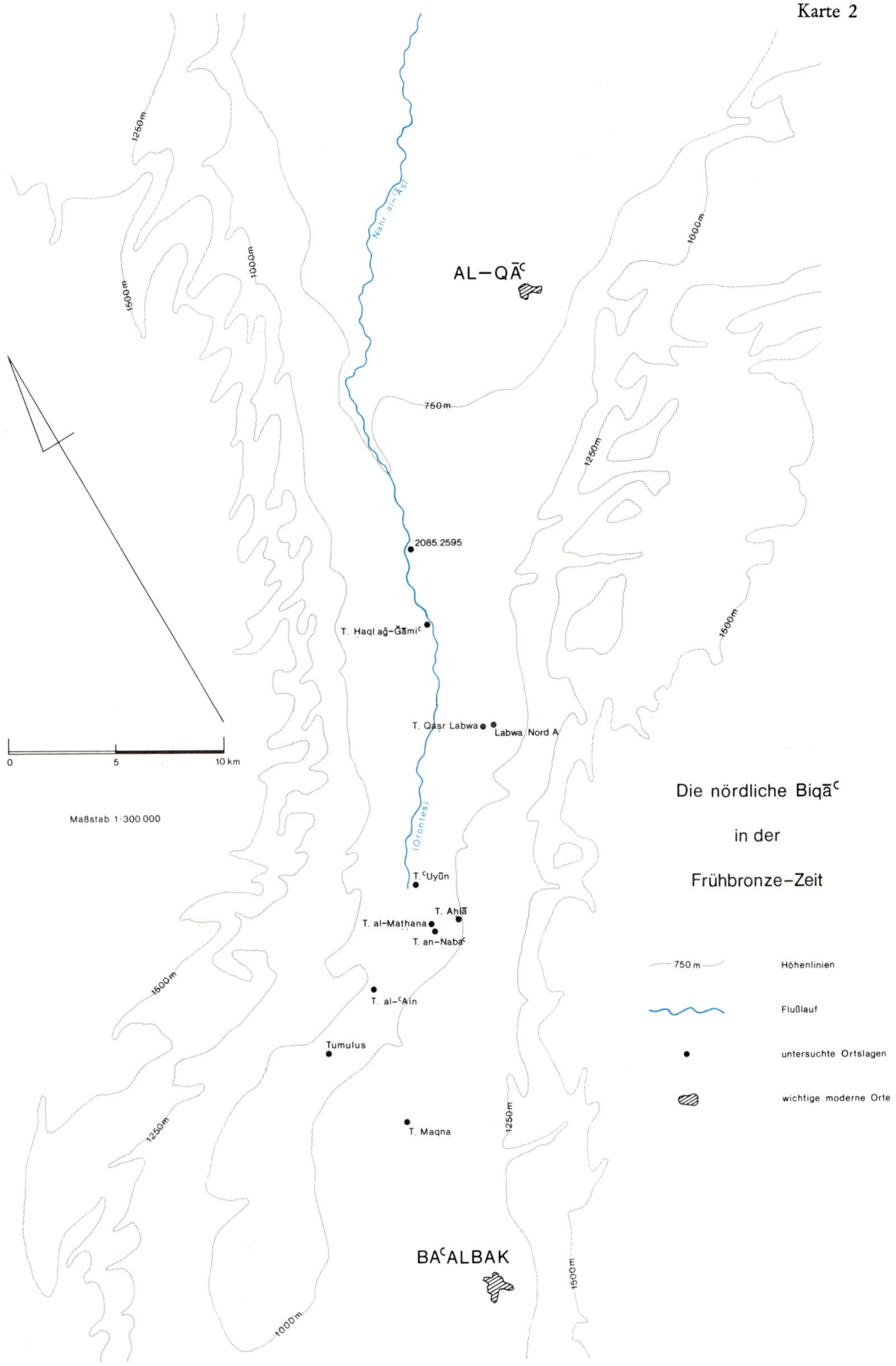

Karte 3

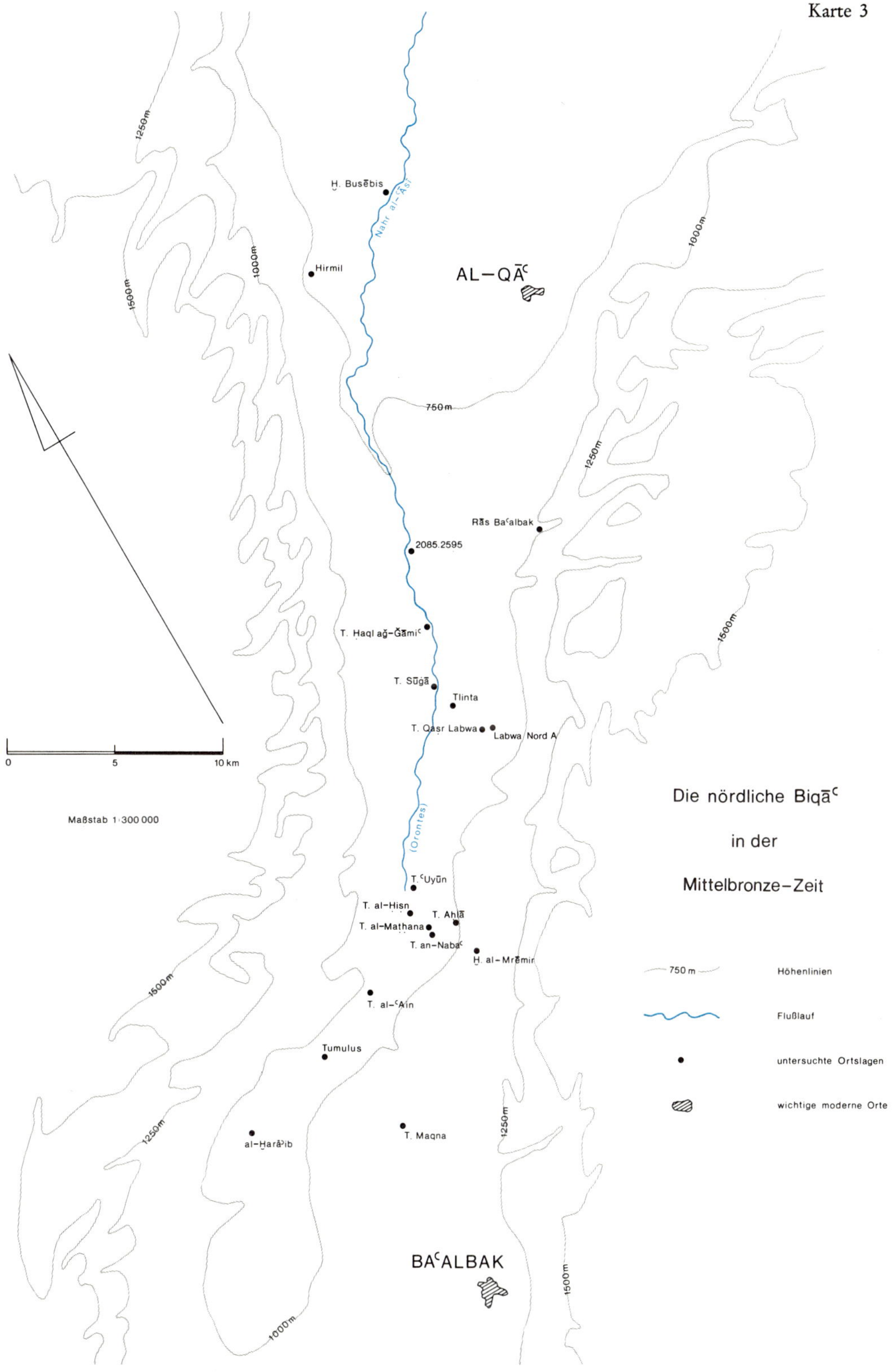

Karte 1

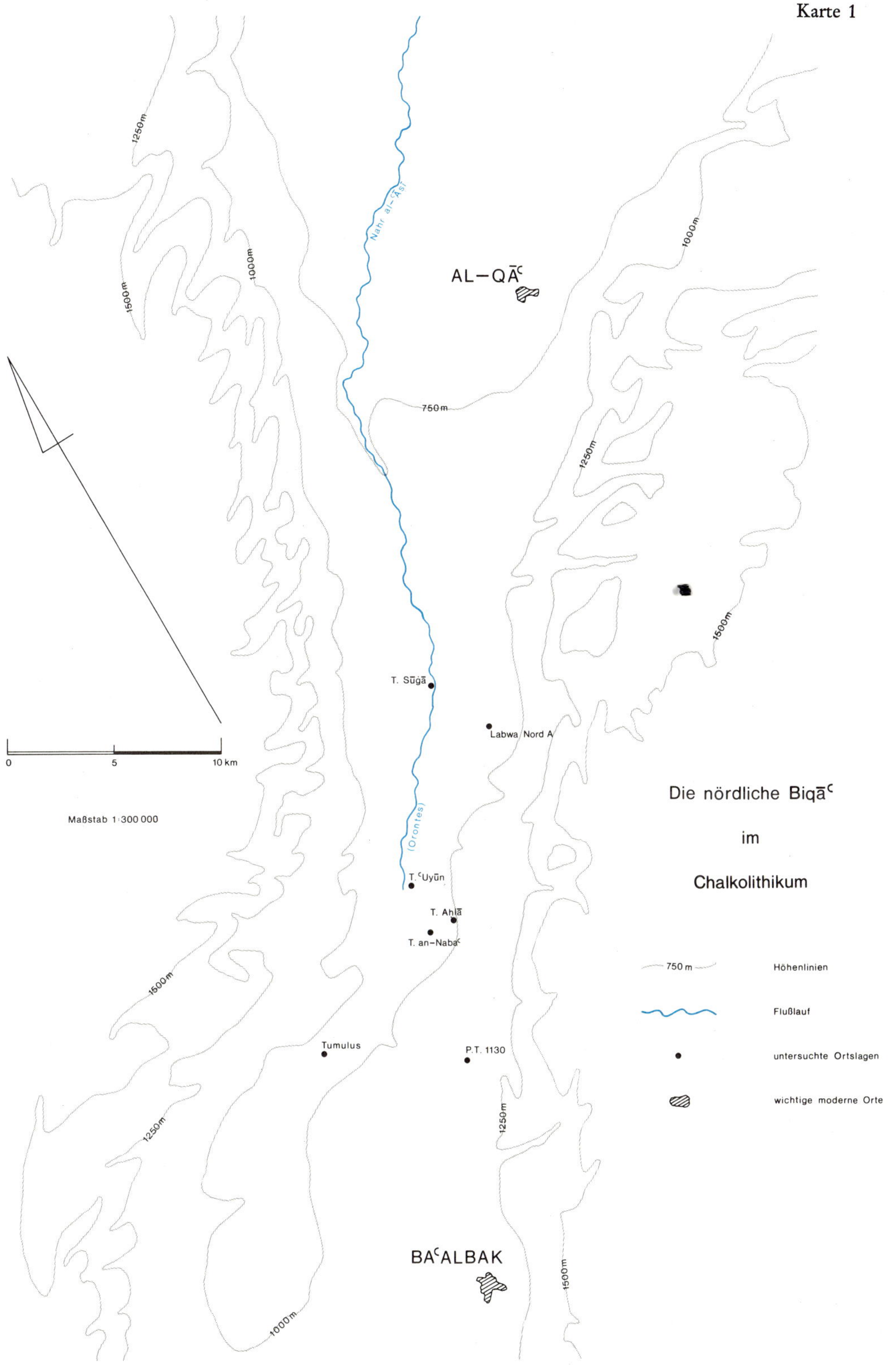
Nahr al-ᶜĀṣī
AL–QĀᶜ
750 m
1000m
1250m
1500m
T. Sūġā
Labwa Nord A
(Orontes)
T. ᶜUyūn
T. Ahlā
T. an-Nabaᶜ
Tumulus
P.T. 1130
BAᶜALBAK
0
5
10 km
Maßstab 1:300 000
Die nördliche Biqāᶜ
im
Chalkolithikum
Höhenlinien
Flußlauf
untersuchte Ortslagen
wichtige moderne Orte

Karte 5

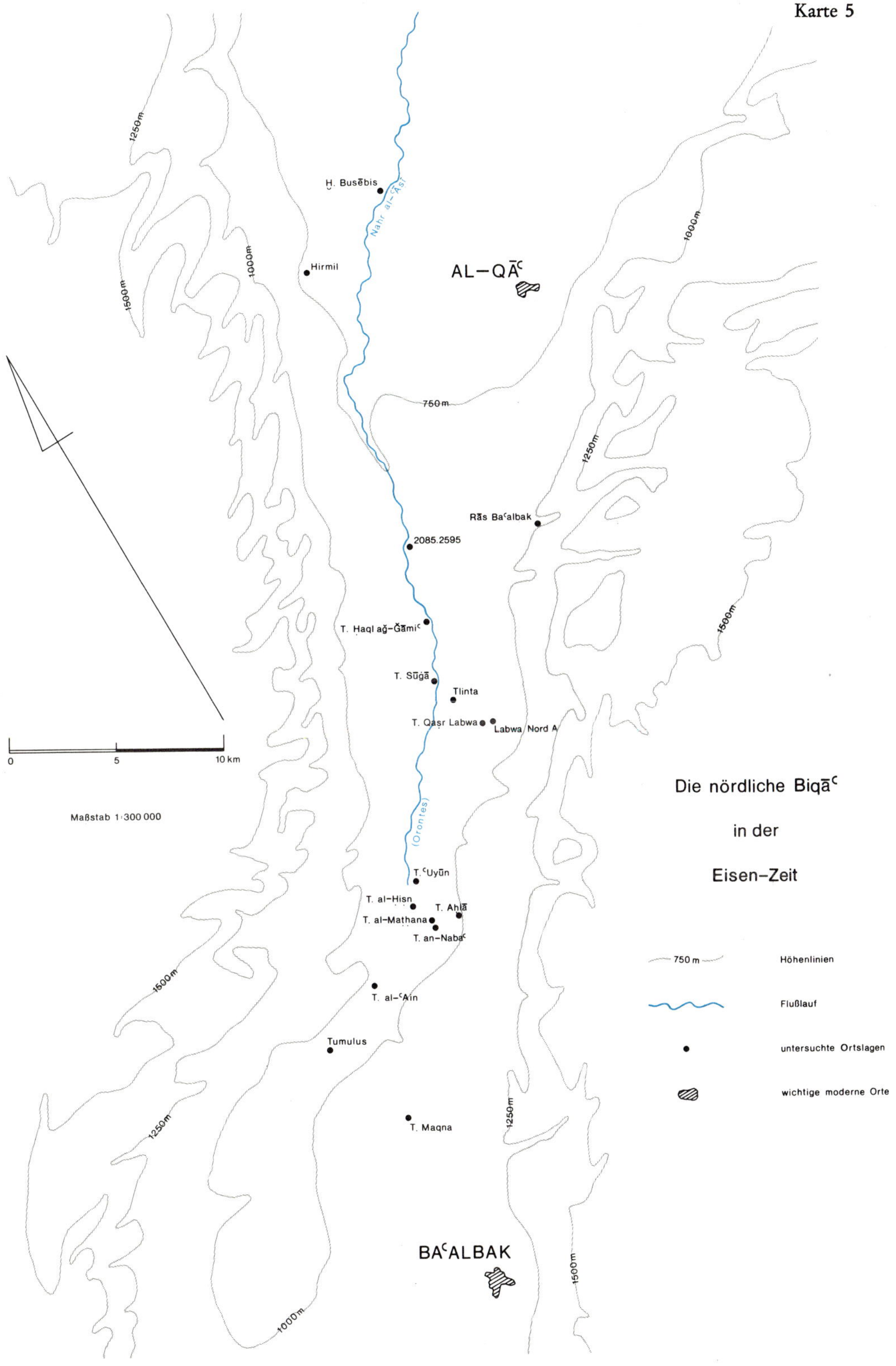

Karte 6

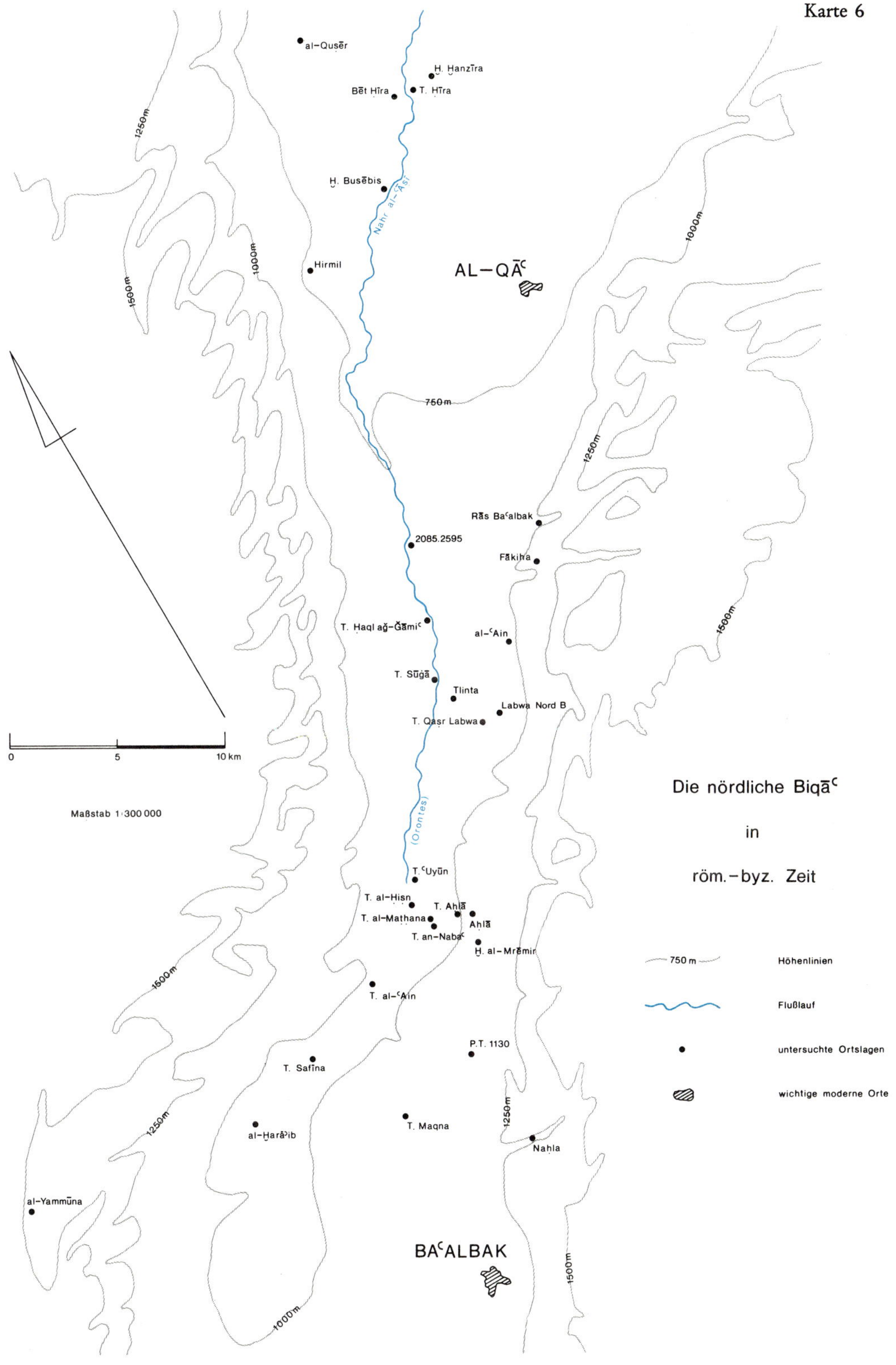

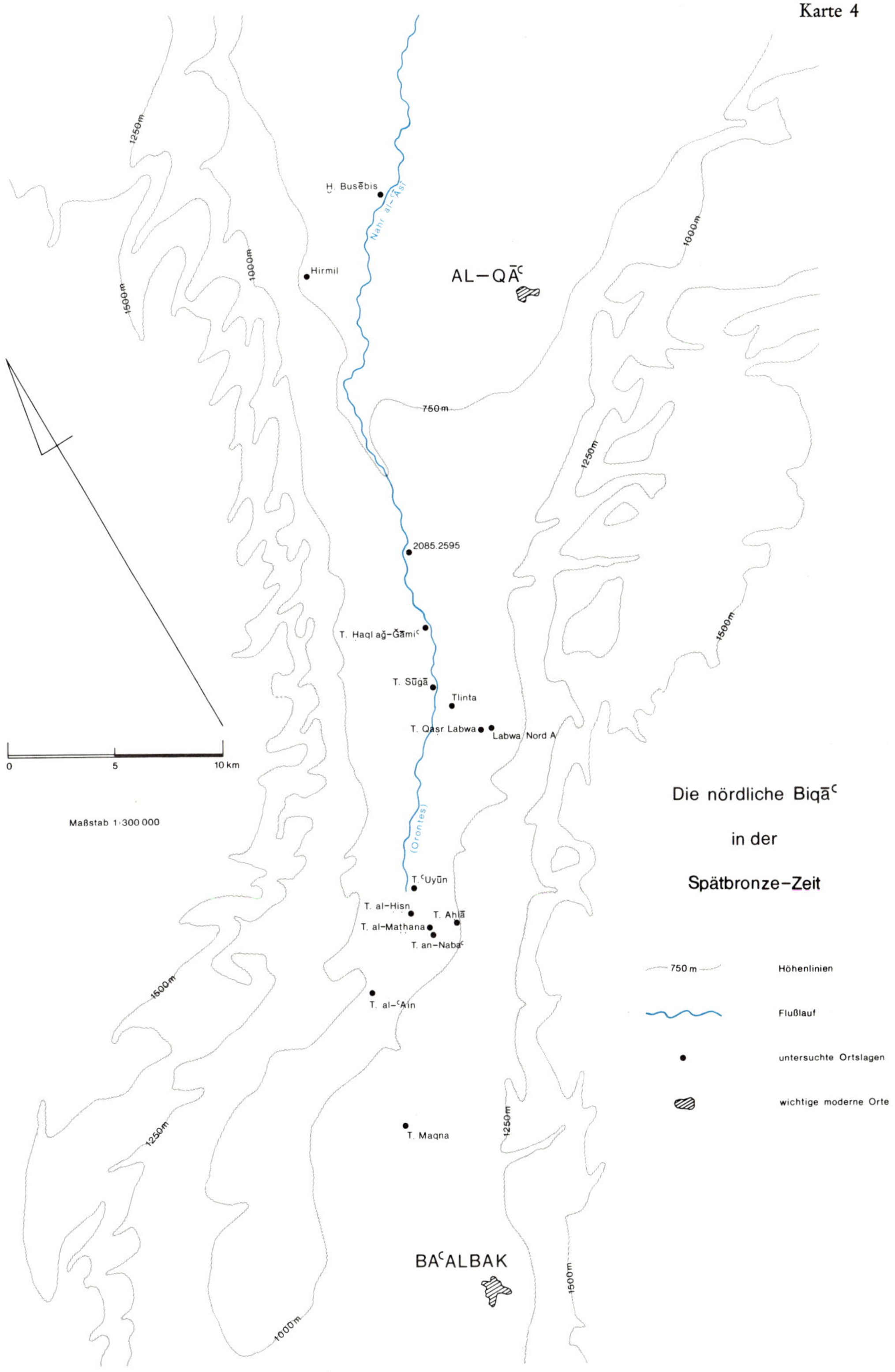
Die nördliche Biqāᶜ
in der
Spätbronze-Zeit
AL-QĀᶜ
BAᶜALBAK
Nahr al-ᶜĀṣī
(Orontes)
Ḫ. Busēbis
Hirmil
2085.2595
T. Haql ağ-Ğāmiᶜ
T. Sūğā
Tlinta
T. Qaṣr Labwa
Labwa Nord A
T. ᶜUyūn
T. al-Hisn
T. Ahlā
T. al-Mathana
T. an-Nabaᶜ
T. al-ᶜAin
T. Maqna
750 m
1000 m
1250 m
1500 m
0
5
10 km
Maßstab 1:300 000
Höhenlinien
Flußlauf
untersuchte Ortslagen
wichtige moderne Orte